Brasil: Oportunidades e Desafios para Investidores Estrangeiros

1. **Introdução ao Mercado Brasileiro:**

   - Visão geral da economia brasileira.
   - Principais setores econômicos.
   - Ambiente regulatório e legal.

2. **Histórico de Investimentos Estrangeiros:**

   - Evolução dos investimentos estrangeiros no Brasil.
   - Principais países investidores.
   - Casos de sucesso e fracasso.

3. **Oportunidades de Investimento:**

   - Setores com maior potencial de crescimento.
   - Iniciativas governamentais para atrair investimentos.
   - Incentivos fiscais e benefícios.

4. **Desafios e Riscos:**

   - Burocracia e regulações.
   - Riscos políticos e econômicos.
   - Desafios culturais e sociais.

5. **Processo de Investimento:**

   - Passos para estabelecer um negócio no Brasil.
   - Procedimentos legais e regulamentares.
   - Dicas práticas para investidores estrangeiros.

6. **Casos de Estudo:**

   - Análise de empresas estrangeiras que investiram no Brasil.
   - Estratégias adotadas e lições aprendidas.

7. **Perspectivas Futuras:**

   - Tendências e previsões para o mercado brasileiro.
   - Impacto de eventos globais e locais nos investimentos estrangeiros.

Considerações Finais e Conclusão

1. Introdução ao Mercado Brasileiro

1.1 Visão Geral da Economia Brasileira

1.1.1 Panorama Econômico

Tamanho da Economia: O Brasil é a maior economia da América Latina e a nona maior do mundo em termos de PIB nominal. Em 2021, o PIB do Brasil foi de aproximadamente 1,6 trilhão de dólares. O Brasil possui um mercado consumidor de mais de 210 milhões de pessoas, o que o torna um destino atrativo para investimentos estrangeiros.

Principais Setores Econômicos: Os principais setores econômicos do Brasil incluem a agricultura, a mineração, a manufatura e os serviços. O setor de serviços é o maior componente do PIB, representando cerca de 70%, seguido pela indústria (21%) e pela agricultura (9%).

1.1.2 Principais Indicadores Econômicos

PIB e Crescimento Econômico: A economia brasileira teve um crescimento significativo nas primeiras décadas do século XXI, com taxas de crescimento anual de até 7,5% em 2010. No entanto, enfrentou uma recessão severa entre 2014 e 2016. Em 2021, o crescimento do PIB foi de aproximadamente 4,6%, recuperando-se da contração de 3,9% em 2020 devido à pandemia de COVID-19.

Inflação e Taxa de Juros: A inflação no Brasil tem sido historicamente volátil. Em 2021, a inflação anual foi de 10,06%, a maior desde 2015. O Banco Central do Brasil aumentou a taxa básica de juros (Selic) para 9,25% em 2021 para conter a inflação. A Selic é um dos principais instrumentos de política monetária do país.

Taxa de Desemprego: A taxa de desemprego tem sido alta nos últimos anos, alcançando cerca de 14,7% em 2021. A pandemia de COVID-19 exacerbou o desemprego, mas medidas governamentais e reformas econômicas são essenciais para melhorar o mercado de trabalho.

1.1.3 Comércio Exterior

Principais Parceiros Comerciais: O Brasil mantém relações comerciais significativas com vários países, sendo a China o maior parceiro comercial, seguido pelos Estados Unidos, Argentina, Países Baixos e Alemanha. Em 2021, as exportações para a China somaram aproximadamente 87,7 bilhões de dólares.

Balança Comercial: O Brasil é um grande exportador de commodities, incluindo soja, minério de ferro, petróleo, carne bovina e açúcar. Em 2021, o superávit comercial do Brasil foi de cerca de 61 bilhões de dólares, com exportações totais de aproximadamente 280 bilhões de dólares e importações de cerca de 219 bilhões de dólares.

1.2 Principais Setores Econômicos

1.2.1 Agricultura e Agroindústria

Produtos de Destaque: O Brasil é o maior produtor e exportador mundial de café, açúcar e suco de laranja, além de ser um dos principais produtores de soja, milho e carne bovina. Em 2021, as exportações de soja totalizaram aproximadamente 38 bilhões de dólares.

Exportações: A agroindústria brasileira é altamente competitiva e contribui significativamente para a balança comercial. Os principais mercados de exportação incluem China, União Europeia e Estados Unidos. Em 2021, o setor agrícola representou cerca de 23% das exportações totais do Brasil.

1.2.2 Mineração e Recursos Naturais

Recursos Minerais: O Brasil possui vastas reservas de minerais, incluindo ferro, bauxita, manganês, ouro e níquel. A Vale, uma das maiores empresas de mineração do mundo, é brasileira e desempenha um papel crucial no setor. Em 2021, o Brasil exportou cerca de 42 bilhões de dólares em minério de ferro.

Indústria de Petróleo e Gás: O Brasil é um dos maiores produtores de petróleo do mundo, com grandes reservas offshore no pré-sal. A Petrobras, estatal de petróleo, é a principal empresa no setor. Em 2021, a produção de petróleo do Brasil foi de aproximadamente 3 milhões de barris por dia.

1.2.3 Indústria e Manufatura

Principais Indústrias: O Brasil possui uma base industrial diversificada, incluindo automóveis, aeroespacial, eletrodomésticos, produtos químicos e alimentos e bebidas. A indústria automotiva é uma das maiores, com empresas como Volkswagen, General Motors e Fiat operando no país.

Desafios e Oportunidades: A indústria brasileira enfrenta desafios como alta carga tributária, burocracia e necessidade de investimentos em inovação e tecnologia. No entanto, oportunidades surgem com avanços tecnológicos, políticas de incentivo e a crescente demanda interna.

1.2.4 Setor de Serviços

Serviços Financeiros: O setor financeiro no Brasil é robusto, com grandes bancos nacionais e internacionais, além de um crescente ecossistema de *fintechs*. Bancos como Itaú, Bradesco e Banco do Brasil são líderes no mercado.

Turismo e Hospitalidade: O Brasil é conhecido por suas belezas naturais e atrações culturais, como o Carnaval, as praias do Nordeste e a Amazônia. Em 2019, o Brasil recebeu cerca de 6,4 milhões de turistas internacionais, gerando aproximadamente 6 bilhões de dólares em receita.

1.3 Ambiente Regulatório e Legal

1.3.1 Estrutura Legal

Constituição e Leis: O Brasil possui uma Constituição que garante direitos de propriedade e segurança jurídica. O sistema legal pode ser complexo, e a burocracia é um desafio significativo para investidores.

Direitos de Propriedade: As leis brasileiras protegem a propriedade intelectual e industrial, mas a execução dessas leis pode ser um desafio em alguns setores. A proteção de patentes, marcas e direitos autorais segue normas internacionais.

1.3.2 Regulações de Investimento Estrangeiro

Agências Reguladoras: O Banco Central do Brasil (Bacen) e a Comissão de Valores Mobiliários (CVM) são as principais agências reguladoras que supervisionam o mercado financeiro e de capitais.

Regras para Investidores Estrangeiros: Investidores estrangeiros têm permissão para investir na maioria dos setores, mas alguns, como mídia e transporte aéreo, possuem restrições. É necessário registro no Banco Central para realizar investimentos diretos. A Lei 4.131/1962 regulamenta os investimentos estrangeiros no Brasil.

1.3.3 Incentivos e Políticas Governamentais

Incentivos Fiscais: O governo brasileiro oferece diversos incentivos fiscais para atrair investimentos, incluindo isenções de impostos e reduções tributárias para setores estratégicos e regiões específicas, como a Zona Franca de Manaus.

Programas de Apoio ao Investimento: Programas como o Inova Empresa e o Programa de Parcerias de Investimentos (PPI) visam atrair capital estrangeiro através de parcerias público-privadas e apoio à inovação. O PPI, por exemplo, tem como objetivo ampliar e fortalecer a interação entre o Estado e a iniciativa privada por meio de contratos de parceria para a execução de empreendimentos públicos de infraestrutura e outras privatizações.

1.4 Conclusão

1.4.1 Resumo dos Pontos Principais

A economia brasileira é diversificada, com fortes setores em agricultura, mineração, manufatura e serviços. Apesar dos desafios econômicos e políticos, o país oferece um mercado consumidor significativo e recursos naturais abundantes, tornando-se um destino atraente para investimentos estrangeiros.

1.4.2 Importância do Mercado Brasileiro para Investidores Estrangeiros

O Brasil possui um grande potencial de crescimento e oportunidades em diversos setores. A localização estratégica, recursos naturais e mercado interno vasto são atrativos para investidores estrangeiros. Além disso, o país é membro do Mercosul, facilitando o acesso a outros mercados na América do Sul.

1.4.3 Olhando para o Futuro

As reformas econômicas e políticas governamentais serão cruciais para melhorar o ambiente de negócios e atrair mais investimentos estrangeiros. O Brasil tem o potencial de se tornar um destino ainda mais atraente para investidores, desde que continue a buscar estabilidade econômica e política. O investimento em infraestrutura, educação e tecnologia será essencial para sustentar o crescimento a longo prazo.

2. Histórico de Investimentos Estrangeiros no Brasil

2.1 Evolução dos Investimentos Estrangeiros no Brasil

2.1.1 Períodos de Crescimento e Declínio

Décadas de 1990 e 2000:

Reformas e Privatizações: Nos anos 1990, o governo brasileiro, sob a presidência de Fernando Henrique Cardoso, implementou uma série de reformas econômicas que foram cruciais para atrair investimentos estrangeiros. Entre essas reformas, destacam-se a estabilização econômica com o Plano Real, a privatização de diversas empresas estatais e a abertura do mercado. A privatização de empresas como a Companhia Vale do Rio Doce (Vale) e o sistema Telebrás foram marcos importantes.

Fluxo de IED: O fluxo de Investimento Estrangeiro Direto (IED) cresceu de US$ 1,8 bilhão em 1990 para US$ 32,8 bilhões em 2000. A entrada massiva de capital foi motivada pela confiança na estabilidade econômica e pelas oportunidades criadas pelas privatizações.

Década de 2000:

Crescimento Sustentado: O início dos anos 2000 foi marcado por um crescimento econômico robusto, impulsionado pelo boom das commodities, com a China emergindo como um dos principais compradores de produtos brasileiros, especialmente minério de ferro e soja. Isso atraiu um fluxo constante de IED, que atingiu um pico de US$ 48,4 bilhões em 2008.

Crise Financeira Global: A crise financeira global de 2008-2009 teve um impacto negativo temporário sobre o IED, mas a economia brasileira mostrou resiliência, e o fluxo de investimentos rapidamente se recuperou nos anos seguintes.

2010-2020:

Picos e Declínios: No início da década de 2010, o Brasil experimentou um forte fluxo de IED, com um pico de US$ 66,7 bilhões em 2011. No entanto, a recessão econômica de 2014-2016, provocada por uma combinação de fatores internos, como a crise política e a corrupção, e externos, como a queda nos preços das commodities, resultou em uma queda acentuada no IED. Em 2020, o Brasil recebeu apenas US$ 24,8 bilhões em IED, impactado pela pandemia de COVID-19 e pela incerteza econômica.

2.1.2 Dados Históricos de IED

1990-2000:

1990: US$ 1,8 bilhão

1995: US$ 4,9 bilhões

2000: US$ 32,8 bilhões

2000-2010:

2001: US$ 22,5 bilhões

2005: US$ 15,1 bilhões

2008: US$ 48,4 bilhões

2010-2020:

2011: US$ 66,7 bilhões

2015: US$ 48 bilhões

2020: US$ 24,8 bilhões

2.2 Principais Países Investidores

2.2.1 Estados Unidos

Volume de Investimentos: Os Estados Unidos têm sido um dos maiores investidores no Brasil. Em 2020, os investimentos diretos dos EUA no Brasil totalizaram cerca de US$ 145 bilhões.

Setores de Investimento: Os EUA investem amplamente em setores como manufatura, tecnologia, energia, serviços financeiros e bens de consumo. Empresas como General Motors, Chevron e IBM têm operações significativas no Brasil.

2.2.2 União Europeia

Volume de Investimentos: A União Europeia, incluindo países como Alemanha, Países Baixos, Espanha e França, é um grande investidor no Brasil. Em 2020, a UE representou cerca de 22% do estoque total de IED no Brasil, com investimentos que superam US$ 250 bilhões.

Setores de Investimento: Os investimentos europeus são diversificados, cobrindo automotivo (Volkswagen, Fiat), farmacêutico (Sanofi, Bayer), telecomunicações (Telefônica), infraestrutura e energia renovável.

2.2.3 China

Volume de Investimentos: A China aumentou significativamente seus investimentos no Brasil na última década. Em 2020, o estoque de IED chinês no Brasil era de aproximadamente US$ 80 bilhões.

Setores de Investimento: Energia, mineração, infraestrutura e agronegócio.

2.2.4 Outros Países

Japão: O Japão investe significativamente em tecnologia, indústria automotiva e infraestrutura. Empresas como Toyota e Mitsubishi têm operações robustas no Brasil.

Canadá: O Canadá foca em mineração e energia, com empresas como a Vale Canada e a Brookfield Asset Management investindo pesadamente.

América Latina: Países vizinhos, como Argentina e Chile, também investem no Brasil, principalmente nos setores de serviços e manufatura.

2.3 Casos de Sucesso

2.3.1 Ambev (Anheuser-Busch InBev)

Histórico: A Ambev, resultado da fusão entre a Brahma e a Antarctica, posteriormente se tornou parte da Anheuser-Busch InBev, uma das maiores cervejarias do mundo.

Impacto: A fusão e expansão ajudaram a consolidar o mercado de bebidas no Brasil e aumentaram a competitividade internacional da empresa.

2.3.2 General Motors

Histórico: A GM tem uma longa história de operações no Brasil, com investimentos contínuos em infraestrutura e desenvolvimento de novos modelos.

Impacto: A empresa emprega milhares de brasileiros e contribui significativamente para a economia através de exportações.

2.3.3 Vale

Histórico: A privatização da Vale em 1997 trouxe um influxo de capital estrangeiro que ajudou a transformar a empresa em uma das maiores mineradoras do mundo.

Impacto: A Vale é um dos principais exportadores do Brasil, especialmente de minério de ferro, e tem um impacto significativo na economia nacional.

2.4 Casos de Fracasso

2.4.1 Enron

Histórico: A Enron entrou no mercado brasileiro na década de 1990, investindo em projetos de energia.

Impacto: O colapso da Enron em 2001 resultou em perdas financeiras significativas e afetou a confiança dos investidores no setor energético do Brasil.

2.4.2 OGX (Eike Batista)

Histórico: A OGX, empresa de petróleo de Eike Batista, atraiu grandes investimentos estrangeiros com promessas de vastas reservas de petróleo.

Impacto: A empresa entrou em falência em 2013, resultando em perdas bilionárias para investidores e afetando negativamente a percepção de riscos no mercado brasileiro.

2.5 Perspectivas Futuras

2.5.1 Reformas Econômicas

Impacto das Reformas: A continuidade das reformas econômicas, como a reforma tributária e a administrativa, será crucial para melhorar o ambiente de negócios e atrair mais investimentos estrangeiros. A simplificação do sistema tributário e a redução da burocracia são essenciais para aumentar a competitividade do Brasil.

Previsões: Analistas preveem um aumento gradual no fluxo de IED nos próximos anos, à medida que o Brasil implementa reformas e a economia global se recupera da pandemia.

2.5.2 Setores em Crescimento

Energia Renovável: O Brasil tem um enorme potencial em energia solar e eólica. O setor de energia renovável está atraindo investimentos significativos, com previsão de crescimento contínuo.

Tecnologia e Inovação: Startups e empresas de tecnologia estão ganhando destaque, especialmente em *fintechs, edtechs e healthtechs*. O crescimento desse setor é impulsionado pela digitalização e pelo aumento da conectividade.

Infraestrutura: Projetos de infraestrutura, como rodovias, ferrovias e portos, continuam a ser uma prioridade para atrair IED. O Programa de Parcerias de Investimentos (PPI) está focado em aumentar o envolvimento do setor privado nesses projetos.

2.5.3 Impacto da Geopolítica

Relações Comerciais: A evolução das relações comerciais com países como China e EUA afetará o fluxo de IED. A diversificação dos parceiros comerciais pode aumentar a resiliência econômica.

Políticas Ambientais: A crescente preocupação com a sustentabilidade e as políticas ambientais podem influenciar os investimentos, especialmente em setores como agricultura e mineração.

3. Oportunidades de Investimento no Brasil

O Brasil é um país com vasto potencial econômico e recursos naturais abundantes, oferecendo diversas oportunidades de investimento em setores estratégicos. Este trabalho explorará detalhadamente as principais áreas de interesse para investidores estrangeiros, destacando as vantagens competitivas, desafios e perspectivas futuras.

3.1 Setor de Energia

O setor de energia no Brasil desempenha um papel crucial no desenvolvimento econômico do país, abrangendo desde fontes renováveis até a exploração de recursos fósseis em águas profundas. Este capítulo explora as oportunidades de investimento em energia renovável e petróleo e gás, destacando os avanços, desafios e o potencial de crescimento do mercado energético brasileiro.

3.1.1 Energia Renovável

Potencial e Incentivos

O Brasil possui um vasto potencial para energia renovável, impulsionado por suas condições climáticas favoráveis e vastas extensões territoriais.

Energia Solar: O país é abençoado com uma das maiores irradiações solares do mundo, especialmente nas regiões Nordeste e Centro-Oeste. Essa característica tem sido fundamental para o desenvolvimento de parques solares fotovoltaicos em larga escala. Em 2023, a capacidade instalada de energia solar no Brasil alcançou aproximadamente 19 gigawatts (GW), com previsões de crescimento contínuo devido aos custos decrescentes da tecnologia e políticas de incentivo consistentes.

Energia Eólica: As condições de vento favoráveis ao longo da costa e em áreas interioranas têm permitido o desenvolvimento de projetos eólicos competitivos. Em 2023, a capacidade instalada de energia eólica ultrapassou 20 GW, sendo o Nordeste responsável pela maior parte dessa capacidade. O Brasil é atualmente um dos líderes mundiais na geração de energia eólica, com vasto potencial ainda não totalmente explorado em regiões como o Sul e o Sudeste.

Incentivos Governamentais

O governo brasileiro tem implementado políticas consistentes para atrair investimentos em energia renovável.

Leilões de Energia: São realizados leilões de energia regularmente, nos quais empresas competem para fornecer energia ao mercado. Esses leilões têm ajudado a reduzir os custos de energia renovável no Brasil e a diversificar a matriz energética do país.

Financiamento Subsidiado: Linhas de crédito especiais são oferecidas por bancos públicos e privados para projetos de energia renovável, com taxas de juros mais baixas e prazos estendidos para pagamento. Isso tem facilitado o acesso ao financiamento para projetos de grande escala.

Exemplos Práticos

Empresas estrangeiras têm demonstrado interesse e investido em projetos significativos de energia renovável no Brasil, aproveitando as oportunidades oferecidas pelo mercado robusto e pelas políticas de incentivo.

Case Study: Parque Solar Ituverava

Localizado na Bahia, o Parque Solar Ituverava, desenvolvido pela Enel Green Power, é um exemplo emblemático do potencial de geração solar no Brasil. Com uma capacidade instalada de 254 MW, o parque é um dos maiores da América Latina, contribuindo para a diversificação da matriz energética e para a redução das emissões de gases de efeito estufa.

3.1.2 Petróleo e Gás

Reservas e Exploração

O Brasil possui reservas significativas de petróleo e gás natural, com destaque para as descobertas na camada pré-salina da Bacia de Santos.

Pré-sal: As reservas de petróleo na camada pré-sal são estimadas em bilhões de barris, representando uma das maiores descobertas de petróleo das últimas décadas. A produção no pré-sal é caracterizada por reservatórios de alta produtividade e custos competitivos, o que tem atraído investimentos de grandes empresas internacionais de petróleo.

Tecnologia de Exploração

A exploração em águas profundas requer tecnologias avançadas de perfuração e produção.

Tecnologia Submarina: Empresas brasileiras e estrangeiras têm investido significativamente em tecnologias submarinas para explorar as reservas do pré-sal. Isso inclui sistemas de produção flutuante, plataformas de perfuração de última geração e técnicas avançadas de recuperação secundária de petróleo.

Regulação e Oportunidades

A regulação do setor de petróleo e gás é supervisionada pela Agência Nacional do Petróleo, Gás Natural e Biocombustíveis (ANP), responsável por concessões de blocos exploratórios e licenças de produção.

Leilões de Blocos Exploratórios: A ANP realiza leilões regulares para concessão de blocos exploratórios, oferecendo oportunidades para empresas explorarem novas áreas e expandirem suas operações no Brasil. A competição nos leilões é intensa, com participação de grandes empresas globais de energia.

Exemplos Práticos

Grandes empresas internacionais têm formado parcerias estratégicas com operadores brasileiros para explorar as reservas de pré-sal, aproveitando as oportunidades de investimento em um dos mercados de energia mais dinâmicos e competitivos do mundo.

Case Study: Consórcio Libra

O Consórcio Libra é um exemplo de parceria bem-sucedida entre Petrobras, Shell, Total e CNPC. Responsável pela área de Libra no pré-sal da Bacia de Santos, este consórcio exemplifica a cooperação internacional e a expertise necessária para explorar reservas profundas de petróleo.

Conclusão

O setor de energia no Brasil oferece vastas oportunidades de investimento em energia renovável e recursos fósseis, impulsionado por políticas governamentais favoráveis, reservas significativas e um ambiente regulatório estável.

A diversificação da matriz energética, com maior participação de fontes renováveis, e os avanços na exploração do pré-sal posicionam o Brasil como um dos principais destinos para investimentos no setor energético global.

O futuro do setor será moldado por avanços tecnológicos contínuos, mudanças nas políticas energéticas globais e o compromisso contínuo com a sustentabilidade e eficiência energética.

3.1.2 Petróleo e Gás

O setor de petróleo e gás no Brasil é um dos pilares da economia nacional, contribuindo significativamente para as receitas fiscais, a geração de empregos e o desenvolvimento tecnológico. Este capítulo aborda a importância do setor, as reservas e exploração, a tecnologia envolvida, o ambiente regulatório, exemplos práticos e as perspectivas futuras com uma abordagem detalhada e robusta.

Importância do Setor

O Brasil é um dos principais produtores de petróleo e gás do mundo, com uma produção de aproximadamente 3,8 milhões de barris de óleo equivalente por dia (boe/d) em 2023, sendo mais de 3 milhões de barris de petróleo e 120 milhões de metros cúbicos de gás natural por dia. O setor contribui com cerca de 15% do PIB industrial do país e representa uma parcela significativa das exportações brasileiras, gerando receitas substanciais e desempenhando um papel crucial no equilíbrio da balança comercial.

Reservas e Exploração

Reservas Convencionais

As reservas convencionais de petróleo e gás do Brasil são concentradas principalmente nas bacias de Campos, Santos, Espírito Santo, Potiguar e Recôncavo. Desde a década de 1970, a Bacia de Campos tem sido a mais prolífica, responsável por mais de 60% da produção nacional até o início das descobertas do pré-sal.

Pré-sal

As descobertas do pré-sal em 2006 transformaram o cenário energético brasileiro. Localizadas em águas ultraprofundas, abaixo de uma espessa camada de sal, essas reservas são estimadas em mais de 50 bilhões de barris de óleo equivalente, posicionando o Brasil como uma das maiores potências energéticas globais.

Produção no Pré-sal: A produção no pré-sal tem crescido exponencialmente desde 2010, alcançando cerca de 2,7 milhões de bpd em 2023, o que representa mais de 70% da produção total de petróleo do país.

Desafios de Exploração: A exploração do pré-sal envolve desafios técnicos significativos, como perfuração em altas pressões e temperaturas, além de condições corrosivas, demandando tecnologias avançadas e investimentos substanciais.

Tecnologia de Exploração

A exploração em águas profundas e ultraprofundas requer inovações tecnológicas contínuas. O Brasil, liderado pela Petrobras, tem se destacado no desenvolvimento e implementação de tecnologias de ponta.

Sistemas Submarinos de Produção: O uso de sistemas submarinos, incluindo unidades flutuantes de produção, armazenamento e descarregamento (FPSOs), tem sido crucial para a viabilização da exploração no pré-sal. Atualmente, o Brasil opera mais de 30 FPSOs, com novos projetos em desenvolvimento.

Perfuração Direcional: A perfuração direcional permite acessar reservatórios complexos com maior precisão, reduzindo os custos operacionais e aumentando a eficiência da produção.

Injeção de CO_2: Técnicas de recuperação avançada, como a injeção de CO_2 para melhorar a recuperação de óleo, estão sendo estudadas e implementadas para aumentar a produtividade dos campos maduros.

Regulação e Oportunidades

A regulação do setor de petróleo e gás é supervisionada pela Agência Nacional do Petróleo, Gás Natural e Biocombustíveis (ANP), que administra concessões de blocos exploratórios e licenças de produção.

Leilões de Blocos: A ANP realiza leilões periódicos para a concessão de blocos exploratórios. Esses leilões têm atraído um grande interesse de empresas globais, com a 16ª Rodada de Licitações em 2019 arrecadando mais de R$ 8,9 bilhões em bônus de assinatura.

Partilha de Produção: No modelo de partilha de produção, implementado para o pré-sal, o governo brasileiro recebe uma parte da produção após os custos serem recuperados pelos operadores, garantindo receitas significativas para o Estado.

Regulação Ambiental: A exploração de petróleo e gás no Brasil é acompanhada por rigorosas regulamentações ambientais para minimizar os impactos ambientais, incluindo a necessidade de estudos de impacto ambiental (EIAs) e planos de contingência.

Exemplos Práticos

Grandes empresas internacionais têm formado parcerias estratégicas com operadores brasileiros para explorar as reservas de pré-sal, aproveitando as oportunidades de investimento em um dos mercados de energia mais dinâmicos e competitivos do mundo.

Case Study: Consórcio Libra

O Consórcio Libra, formado por Petrobras, Shell, TotalEnergies, CNPC e CNOOC, é responsável pela exploração do bloco de Libra na Bacia de Santos. Este projeto representa um dos maiores investimentos em petróleo no Brasil, com uma produção que já ultrapassa 200 mil bpd e expectativa de atingir 1 milhão de bpd nos próximos anos.

Case Study: Campo de Búzios

O campo de Búzios, também na Bacia de Santos, é operado pela Petrobras e é considerado o maior campo de petróleo em águas profundas do mundo. Em 2023, o campo produziu aproximadamente 700 mil bpd, com planos de expansão que incluem a instalação de novas unidades FPSO.

Desafios e Perspectivas Futuras

Desafios

O setor de petróleo e gás no Brasil enfrenta diversos desafios, incluindo:

Volatilidade dos Preços: A oscilação dos preços internacionais do petróleo afeta a rentabilidade dos projetos e a capacidade de planejamento das empresas.

Inovação Tecnológica: A necessidade de contínuos avanços tecnológicos para a exploração em águas ultraprofundas e a recuperação de campos maduros.

Questões Ambientais: A crescente pressão por práticas sustentáveis e a redução da pegada de carbono exigem investimentos em tecnologias de mitigação de impactos ambientais.

Infraestrutura: A necessidade de expansão e modernização da infraestrutura logística, incluindo portos, oleodutos e unidades de processamento, para suportar o crescimento da produção.

Perspectivas Futuras

As perspectivas para o setor de petróleo e gás no Brasil são promissoras, com diversas oportunidades de investimento e desenvolvimento.

Transição Energética: A transição para fontes de energia mais limpas representa tanto um desafio quanto uma oportunidade. Empresas de petróleo estão investindo em projetos de energia renovável e tecnologia de captura e armazenamento de carbono (CCS) para reduzir a pegada de carbono.

Investimentos Estrangeiros: A continuidade dos leilões de blocos exploratórios e a estabilidade regulatória são essenciais para atrair investimentos estrangeiros. A ANP planeja novos leilões nos próximos anos, incluindo blocos no pré-sal e em áreas de fronteira exploratória.

Inovação Tecnológica: A inovação tecnológica será crucial para manter a competitividade do Brasil no mercado global de petróleo e gás. O desenvolvimento de novas técnicas de exploração e produção, juntamente com a digitalização e automação dos processos, será fundamental para maximizar a eficiência e reduzir os custos operacionais.

Diversificação de Mercado: O aumento das exportações de gás natural liquefeito (GNL) e a ampliação da infraestrutura de gás são estratégias importantes para diversificar o mercado e aumentar a segurança energética.

Conclusão

O setor de petróleo e gás no Brasil oferece vastas oportunidades de investimento, impulsionado por reservas significativas, avanços tecnológicos e um ambiente regulatório favorável.

As descobertas no pré-sal têm transformado o Brasil em uma potência energética global, atraindo investimentos de grandes empresas internacionais. No entanto, o setor enfrenta desafios que exigem inovação contínua, investimentos em infraestrutura e uma adaptação às demandas globais por uma matriz energética mais limpa e sustentável.

Com uma abordagem estratégica e um compromisso com a sustentabilidade, o Brasil está bem posicionado para continuar sendo um líder no mercado global de petróleo e gás.

3.2 Agronegócio

O agronegócio é um dos pilares da economia brasileira, representando uma significativa parcela do PIB, das exportações e do emprego no país.

Este capítulo aborda a importância do setor, as principais culturas e produções, o papel das tecnologias e inovações, o ambiente regulatório, os desafios e oportunidades, exemplos práticos e as perspectivas futuras com uma abordagem detalhada e robusta.

Importância do Agronegócio

O agronegócio brasileiro é responsável por aproximadamente 21% do PIB do país e cerca de 48% das exportações totais. O Brasil é um dos maiores produtores e exportadores de commodities agrícolas do mundo, incluindo soja, milho, carne bovina, frango, café, açúcar, laranja e algodão.

A diversidade climática e geográfica do Brasil permite a produção de uma ampla gama de produtos agrícolas durante todo o ano.

Dados Históricos

O crescimento do agronegócio brasileiro pode ser dividido em várias fases:

Década de 1960 e 1970: Revolução Verde, com a introdução de novas tecnologias agrícolas, incluindo sementes híbridas, fertilizantes químicos e práticas modernas de manejo.

Década de 1980 e 1990: Expansão para o cerrado, uma região que foi transformada em uma das áreas agrícolas mais produtivas do mundo graças ao desenvolvimento de técnicas de correção de solo e irrigação.

Década de 2000: Aumento significativo da produção e das exportações, com o Brasil se consolidando como um dos principais players globais em várias commodities.

Dados Atuais

Em 2023, o Brasil produziu aproximadamente:

Soja: 150 milhões de toneladas, sendo o maior produtor e exportador mundial.

Milho: 120 milhões de toneladas, com grande parte destinada à exportação e ao consumo interno.

Café: 60 milhões de sacas, liderando a produção mundial.

Carne Bovina: 10 milhões de toneladas, com cerca de 20% exportados.

Frango: 14 milhões de toneladas, também sendo um dos maiores exportadores globais.

Principais Culturas e Produções

Soja

A soja é a principal cultura agrícola do Brasil, responsável por grande parte das exportações agrícolas do país. As principais regiões produtoras incluem Mato Grosso, Paraná, Goiás e Rio Grande do Sul.

O Brasil tem investido em tecnologia genética para desenvolver variedades de soja mais resistentes a pragas e doenças, além de práticas agrícolas sustentáveis.

Milho

O milho é a segunda maior cultura do Brasil, com duas safras principais por ano (safra de verão e safrinha). As principais regiões produtoras são Mato Grosso, Paraná e Goiás.

O milho é utilizado tanto para consumo humano quanto para ração animal, com um mercado crescente para o etanol de milho.

Carne Bovina

O Brasil possui o maior rebanho comercial de bovinos do mundo, com cerca de 215 milhões de cabeças. As principais regiões produtoras são Mato Grosso, Minas Gerais, Goiás e Mato Grosso do Sul.

O setor tem investido em melhoramento genético, manejo sustentável e rastreabilidade para atender às exigências dos mercados internacionais.

Café

O Brasil é o maior produtor e exportador de café do mundo, com as principais regiões produtoras sendo Minas Gerais, Espírito Santo, São Paulo e Bahia.

A produção de café é diversificada, incluindo variedades como arábica e robusta. O país tem investido em certificações de qualidade e sustentabilidade para agregar valor ao produto.

Frango

O Brasil é o maior exportador mundial de carne de frango, com as principais regiões produtoras sendo Paraná, Santa Catarina e Rio Grande do Sul. O setor avícola brasileiro é altamente tecnificado, com práticas avançadas de manejo, nutrição e biosseguridade.

Tecnologias e Inovações

Agricultura de Precisão

A agricultura de precisão tem revolucionado o agronegócio brasileiro, permitindo o monitoramento e a gestão de lavouras em tempo real. Isso inclui o uso de drones, sensores, sistemas de GPS e softwares de gerenciamento agrícola para otimizar a utilização de insumos e maximizar a produtividade.

Biotecnologia

A biotecnologia tem desempenhado um papel crucial no desenvolvimento de culturas mais resistentes e produtivas.

O Brasil é um dos líderes mundiais na adoção de sementes geneticamente modificadas (GMOs), com mais de 90% da área plantada de soja, milho e algodão utilizando variedades transgênicas.

Irrigação e Manejo de Água

O uso eficiente da água é essencial para a sustentabilidade do agronegócio. Técnicas modernas de irrigação, como irrigação por gotejamento e pivôs centrais, têm sido amplamente adotadas para melhorar a eficiência hídrica e garantir a produção em regiões semiáridas.

Sustentabilidade e Certificações

A demanda global por produtos agrícolas sustentáveis tem levado o Brasil a investir em práticas agrícolas mais ecológicas. Certificações como a Rainforest Alliance, Fair Trade e UTZ são cada vez mais comuns, garantindo que os produtos atendam aos padrões ambientais e sociais internacionais.

Ambiente Regulatória

O setor agrícola brasileiro é regulado por uma série de órgãos e políticas que visam garantir a sustentabilidade e a competitividade do agronegócio.

Ministério da Agricultura, Pecuária e Abastecimento (MAPA)

O MAPA é o principal órgão regulador do agronegócio no Brasil, responsável por formular e implementar políticas públicas para o desenvolvimento sustentável da agricultura e pecuária.

Agência Nacional de Vigilância Sanitária (ANVISA)

A ANVISA regula o uso de agrotóxicos e insumos agrícolas, garantindo a segurança alimentar e a saúde pública.

Instituto Brasileiro do Meio Ambiente e dos Recursos Naturais Renováveis (IBAMA)

O IBAMA é responsável pela fiscalização ambiental e pela emissão de licenças ambientais para atividades agrícolas.

Políticas de Crédito e Financiamento

O governo brasileiro oferece diversas linhas de crédito e financiamento para o agronegócio, incluindo o Programa de Financiamento à Agricultura Familiar (PRONAF) e o Programa de Sustentação do Investimento (PSI), que visam apoiar pequenos e grandes produtores.

Desafios e Oportunidades

Desafios

Infraestrutura: A logística é um dos principais desafios, com a necessidade de melhorias em rodovias, ferrovias e portos para escoar a produção.

Mudanças Climáticas: As variações climáticas representam um risco significativo para a produção agrícola, exigindo investimentos em resiliência climática e adaptação.

Sustentabilidade: A pressão por práticas agrícolas mais sustentáveis e a preservação de florestas e biomas, como a Amazônia e o Cerrado, são desafios contínuos.

Oportunidades

Mercados Internacionais: A crescente demanda global por alimentos, especialmente da Ásia, oferece oportunidades significativas para o agronegócio brasileiro.

Inovação Tecnológica: A adoção de novas tecnologias pode aumentar a produtividade e a sustentabilidade da produção agrícola.

Agregação de Valor: Investimentos em processamento e industrialização de produtos agrícolas podem agregar valor e aumentar a competitividade no mercado global.

Exemplos Práticos

Case Study: Cooperativa Agroindustrial (Coamo)

A Coamo é a maior cooperativa agrícola da América Latina, com mais de 28 mil associados. Ela exemplifica como a cooperação e a organização podem aumentar a eficiência e a competitividade dos produtores rurais.

A Coamo atua em várias frentes, incluindo produção, processamento e exportação de soja, milho, trigo e algodão.

Case Study: Amaggi

A Amaggi é uma das maiores empresas do agronegócio brasileiro, atuando na produção e comercialização de soja, milho e algodão. A empresa é reconhecida por suas práticas sustentáveis, incluindo a adoção de tecnologias de agricultura de precisão e certificações ambientais.

Perspectivas Futuras

As perspectivas para o agronegócio brasileiro são promissoras, com diversas oportunidades de crescimento e desenvolvimento.

Expansão de Mercados

A abertura de novos mercados internacionais, especialmente na Ásia e no Oriente Médio, é uma grande oportunidade para o agronegócio brasileiro. A diversificação de mercados pode reduzir a dependência de mercados tradicionais e aumentar a resiliência econômica.

Inovações Tecnológicas

A contínua adoção de tecnologias de ponta, como inteligência artificial, internet das coisas (IoT) e biotecnologia, promete transformar o setor, aumentando a produtividade e a sustentabilidade.

Sustentabilidade e Mudanças Climáticas

Investimentos em práticas agrícolas sustentáveis e a adaptação às mudanças climáticas serão essenciais para garantir a viabilidade a longo prazo do agronegócio.

A integração de tecnologias de manejo de carbono e práticas de agricultura regenerativa são áreas emergentes com grande potencial.

Conclusão

O agronegócio brasileiro é um setor vital para a economia nacional, oferecendo vastas oportunidades de investimento e crescimento. Com uma combinação de recursos naturais abundantes, avanços tecnológicos e um ambiente regulatório favorável, o Brasil está bem posicionado para continuar sendo um líder global na produção e exportação de commodities agrícolas.

No entanto, desafios como infraestrutura, mudanças climáticas e sustentabilidade exigem atenção contínua e inovação. Com uma abordagem estratégica e um compromisso com a sustentabilidade, o agronegócio brasileiro pode continuar a prosperar e contribuir significativamente para a economia global.

3.2.1 Agricultura e Pecuária

A agricultura e a pecuária são os principais componentes do agronegócio brasileiro, desempenhando papéis essenciais na economia do país.

Este capítulo explora em profundidade a importância destes setores, suas principais características, a evolução histórica, as tecnologias e inovações, o ambiente regulatório, os desafios e oportunidades, exemplos práticos e as perspectivas futuras.

Importância da Agricultura e Pecuária

A agricultura e a pecuária brasileiras são responsáveis por uma parte significativa do Produto Interno Bruto (PIB) do país e são fundamentais para as exportações e a segurança alimentar.

Esses setores geram milhões de empregos diretos e indiretos, impulsionando o desenvolvimento econômico de várias regiões.

Agricultura

A agricultura brasileira é altamente diversificada, produzindo uma ampla gama de produtos que incluem grãos, frutas, vegetais, café, cana-de-açúcar e algodão.

O Brasil é um dos maiores produtores mundiais de soja, milho, café, açúcar, laranja e algodão, destacando-se como um dos líderes globais em produtividade agrícola.

Pecuária

A pecuária brasileira é igualmente robusta, com destaque para a produção de carne bovina, suína e de frango. O país possui o maior rebanho comercial de bovinos do mundo e é um dos principais exportadores de carne bovina e de frango. A pecuária leiteira também é significativa, com uma produção expressiva de leite e derivados.

Evolução Histórica

Agricultura

A evolução da agricultura no Brasil pode ser dividida em várias fases marcantes:

Colonização e Período Colonial (1500-1800): Introdução de culturas como cana-de-açúcar, café e algodão, com a agricultura de exportação predominando.

Século XIX: Expansão da produção de café, principalmente na região sudeste, que se tornou o principal produto de exportação do país.

Século XX: Revolução Verde, com a introdução de tecnologias modernas, sementes híbridas e uso intensivo de fertilizantes e pesticidas. Expansão para novas áreas agrícolas, incluindo o cerrado.

Década de 2000: Aumento significativo da produção de grãos, especialmente soja e milho, com o Brasil se consolidando como um dos maiores produtores e exportadores globais.

Pecuária

A pecuária no Brasil também passou por uma evolução significativa:

Período Colonial: Introdução do gado bovino, suínos e aves pelos colonizadores portugueses.

Século XIX: Expansão da pecuária nas regiões sul e sudeste, com a criação de raças adaptadas ao clima brasileiro.

Século XX: Modernização das práticas de manejo e nutrição, com a introdução de raças melhoradas e técnicas de pastoreio rotacional.

Década de 2000: Adoção de tecnologias avançadas, como inseminação artificial, melhoramento genético e rastreabilidade, elevando a qualidade e a produtividade da produção de carne e leite.

Tecnologias e Inovações

Agricultura

A agricultura brasileira tem se beneficiado enormemente das inovações tecnológicas:

Agricultura de Precisão: Uso de tecnologias como drones, sensores, GPS e softwares de gerenciamento para otimizar a aplicação de insumos, reduzir custos e aumentar a produtividade.

Biotecnologia: Desenvolvimento e adoção de culturas geneticamente modificadas (GMOs) para resistir a pragas, doenças e condições climáticas adversas. A soja, milho e algodão transgênicos são amplamente plantados no Brasil.

Irrigação: Tecnologias modernas de irrigação, como pivôs centrais e irrigação por gotejamento, são amplamente utilizadas para aumentar a eficiência do uso da água e garantir colheitas estáveis em áreas semiáridas.

Manejo Integrado de Pragas (MIP): Combinação de métodos biológicos, químicos e culturais para o controle sustentável de pragas, minimizando o impacto ambiental e promovendo a saúde do solo e das plantas.

Pecuária

A pecuária brasileira também tem incorporado diversas inovações tecnológicas:

Melhoramento Genético: Uso de inseminação artificial, transferência de embriões e seleção genômica para aprimorar as características desejáveis dos rebanhos, como ganho de peso, qualidade da carne e produção de leite.

Nutrição Animal: Formulação de dietas balanceadas e uso de suplementos nutricionais para otimizar o crescimento, a saúde e a produtividade dos animais.

Rastreabilidade: Implementação de sistemas de rastreabilidade para monitorar a origem e o manejo dos animais, garantindo a qualidade e a segurança dos produtos finais.

Bem-estar Animal: Adoção de práticas de manejo que promovem o bem-estar animal, reduzindo o estresse e melhorando a saúde e o desempenho dos rebanhos.

Políticas de Crédito e Financiamento

O governo brasileiro oferece diversas linhas de crédito e financiamento para apoiar a agricultura e a pecuária, incluindo programas específicos para pequenos e grandes produtores.

Entre eles estão o Programa de Financiamento à Agricultura Familiar (PRONAF) e o Programa de Sustentação do Investimento (PSI), que oferecem condições favoráveis de juros e prazos para a aquisição de insumos, equipamentos e tecnologia.

Desafios e Oportunidades

Desafios

Mudanças Climáticas: As variações climáticas representam um risco significativo para a produção agrícola e pecuária, exigindo investimentos em resiliência climática e adaptação.

Infraestrutura: A logística é um dos principais desafios, com a necessidade de melhorias em rodovias, ferrovias e portos para escoar a produção de forma eficiente e competitiva.

Sustentabilidade: A pressão por práticas agrícolas e pecuárias mais sustentáveis e a preservação de biomas, como a Amazônia e o Cerrado, são desafios contínuos que exigem inovação e compromisso ambiental.

Sanidade Animal e Vegetal: A prevenção e o controle de doenças animais e pragas agrícolas são essenciais para garantir a segurança e a qualidade dos produtos agropecuários, demandando vigilância constante e medidas de biosseguridade.

Oportunidades

Mercados Internacionais: A crescente demanda global por alimentos, especialmente da Ásia, oferece oportunidades significativas para a agricultura e a pecuária brasileiras. A diversificação de mercados pode reduzir a dependência de mercados tradicionais e aumentar a resiliência econômica.

Inovação Tecnológica: A contínua adoção de tecnologias de ponta, como inteligência artificial, internet das coisas (IoT) e biotecnologia, promete transformar o setor, aumentando a produtividade e a sustentabilidade.

Certificações e Valor Agregado: Investimentos em certificações de qualidade e sustentabilidade podem agregar valor aos produtos agropecuários, atendendo às demandas de consumidores mais exigentes e mercados premium.

Bioenergia e Biocombustíveis: A produção de bioenergia e biocombustíveis a partir de resíduos agrícolas e pecuários representa uma oportunidade para diversificar a matriz energética e agregar valor às cadeias produtivas.

Exemplos Práticos

Case Study: SLC Agrícola

A SLC Agrícola é uma das maiores produtoras agrícolas do Brasil, com operações em mais de 20 fazendas espalhadas pelo país. A empresa exemplifica a adoção de tecnologias avançadas, como agricultura de precisão e biotecnologia, para maximizar a produtividade e a sustentabilidade. A SLC Agrícola também investe em certificações de qualidade e práticas de manejo sustentável, destacando-se como uma referência no setor.

Case Study: JBS

A JBS é uma das maiores empresas de processamento de carne do mundo, com operações em vários países. No Brasil, a empresa tem investido em tecnologias de rastreabilidade, bem-estar animal e sustentabilidade para garantir a qualidade e a segurança dos produtos. A JBS também atua na produção de bioenergia a partir de resíduos de processamento, contribuindo para a sustentabilidade do setor.

Perspectivas Futuras

As perspectivas para a agricultura e a pecuária brasileiras são promissoras, com diversas oportunidades de crescimento e desenvolvimento.

Expansão de Mercados

A abertura de novos mercados internacionais, especialmente na Ásia e no Oriente Médio, é uma grande oportunidade para a agricultura e a pecuária brasileiras. A diversificação de mercados pode reduzir a dependência de mercados tradicionais e aumentar a resiliência econômica.

Inovações Tecnológicas

A contínua adoção de tecnologias de ponta, como inteligência artificial, internet das coisas (IoT) e biotecnologia, promete transformar o setor, aumentando a produtividade e a sustentabilidade.

Sustentabilidade e Mudanças Climáticas

Investimentos em práticas agrícolas e pecuárias sustentáveis e a adaptação às mudanças climáticas serão essenciais para garantir a viabilidade a longo prazo do agronegócio. A integração de tecnologias de manejo de carbono e práticas de agricultura regenerativa são áreas emergentes com grande potencial.

Conclusão

A agricultura e a pecuária brasileiras são setores vitais para a economia nacional, oferecendo vastas oportunidades de investimento e crescimento.

Com uma combinação de recursos naturais abundantes, avanços tecnológicos e um ambiente regulatório favorável, o Brasil está bem posicionado para continuar sendo um líder global na produção agropecuária.

No entanto, desafios como mudanças climáticas, infraestrutura e sustentabilidade exigem atenção contínua e inovação. Com uma abordagem estratégica e um compromisso com a sustentabilidade, a agricultura e a pecuária brasileiras podem continuar a prosperar e contribuir significativamente para a economia global.

3.2.2 Infraestrutura Logística

A infraestrutura logística é um componente crucial para o sucesso do agronegócio brasileiro, impactando diretamente a eficiência e a competitividade das cadeias produtivas agrícolas e pecuárias.

Este capítulo aborda a importância da infraestrutura logística, os principais modais de transporte utilizados, os desafios enfrentados, as inovações e melhorias em curso, além das perspectivas futuras e exemplos práticos de infraestrutura logística no Brasil.

Importância da Infraestrutura Logística

A infraestrutura logística no Brasil é vital para o escoamento da produção agrícola e pecuária, desde as fazendas até os mercados nacionais e internacionais.

A eficiência logística influencia os custos de transporte, o tempo de entrega e a qualidade dos produtos, afetando a competitividade do agronegócio brasileiro no cenário global.

Dados Históricos

Historicamente, a infraestrutura logística brasileira tem enfrentado desafios significativos, incluindo a insuficiência de investimentos, a manutenção inadequada e a dependência excessiva do transporte rodoviário. Esses problemas resultaram em altos custos logísticos e gargalos no escoamento da produção.

Dados Atuais

Atualmente, o Brasil está entre os países com os maiores custos logísticos do mundo, representando cerca de 12% do PIB nacional. Esse percentual é superior ao de países desenvolvidos, onde os custos logísticos giram em torno de 8% do PIB.

A infraestrutura de transporte é composta principalmente por rodovias, ferrovias, hidrovias e portos, com a seguinte distribuição modal:

Rodovias: 61% do transporte de carga.

Ferrovias: 21% do transporte de carga.

Hidrovias: 13% do transporte de carga.

Portos: 5% do transporte de carga.

Principais Modais de Transporte

Rodovias

O Brasil possui uma extensa malha rodoviária, com mais de 1,7 milhão de quilômetros de estradas. No entanto, apenas cerca de 12% dessas estradas são pavimentadas, o que limita a eficiência do transporte rodoviário.

As rodovias são responsáveis por mais da metade do transporte de cargas no país, incluindo produtos agrícolas como soja, milho, café e carne.

Ferrovias

A malha ferroviária brasileira tem aproximadamente 30 mil quilômetros de extensão, com um foco significativo no transporte de commodities agrícolas e minerais. As ferrovias são essenciais para o escoamento da produção agrícola das regiões centrais do país até os portos de exportação.

No entanto, a malha ferroviária é insuficiente e necessita de investimentos para expansão e modernização.

Hidrovias

O Brasil possui uma vasta rede hidroviária, com mais de 63 mil quilômetros de rios navegáveis. As hidrovias são uma alternativa eficiente e sustentável para o transporte de cargas pesadas e volumosas, como grãos e fertilizantes. No entanto, a infraestrutura hidroviária é subutilizada e carece de investimentos em manutenção e melhorias.

Portos

Os portos brasileiros são a principal porta de saída para as exportações agrícolas. O Brasil conta com cerca de 35 portos públicos e mais de 100 terminais privados.

Entre os principais portos estão Santos (SP), Paranaguá (PR), Rio Grande (RS) e Itaqui (MA). A infraestrutura portuária enfrenta desafios relacionados à capacidade de armazenamento, eficiência operacional e burocracia.

Desafios na Infraestrutura Logística

Manutenção e Expansão

A manutenção inadequada e a falta de expansão da infraestrutura logística resultam em estradas em más condições, ferrovias com capacidade limitada e portos congestionados. Esses problemas aumentam os custos logísticos e reduzem a competitividade do agronegócio brasileiro.

Integração de Modais

A integração eficiente entre os diferentes modais de transporte é um desafio significativo. A falta de interconexão entre rodovias, ferrovias, hidrovias e portos impede o aproveitamento máximo das vantagens de cada modal, resultando em ineficiências e atrasos.

Investimentos

Os investimentos em infraestrutura logística são insuficientes para atender à demanda crescente do agronegócio.

O Brasil precisa de investimentos contínuos e substanciais para modernizar e expandir sua infraestrutura de transporte, garantindo a eficiência logística necessária para competir no mercado global.

Burocracia e Regulamentação

A burocracia e a regulamentação excessivas são obstáculos para a eficiência logística no Brasil. Procedimentos alfandegários complexos, licenciamento ambiental e regulamentações trabalhistas rígidas podem causar atrasos e aumentar os custos logísticos.

Inovações e Melhorias

Programas Governamentais

O governo brasileiro tem implementado programas e iniciativas para melhorar a infraestrutura logística, incluindo:

Programa de Parcerias de Investimentos (PPI): Incentiva a participação do setor privado em projetos de infraestrutura, incluindo concessões de rodovias, ferrovias e portos.

Plano Nacional de Logística (PNL): Define diretrizes e prioridades para investimentos em infraestrutura logística, visando a integração dos modais e a eficiência do transporte de cargas.

Concessões e Privatizações: Diversas rodovias, ferrovias e portos têm sido concedidos à iniciativa privada, com o objetivo de aumentar a eficiência operacional e atrair investimentos.

Tecnologias e Soluções Inovadoras

A adoção de tecnologias avançadas pode transformar a infraestrutura logística no Brasil, incluindo:

Sistemas de Gerenciamento de Transporte (TMS): Softwares que otimizam o planejamento e a execução do transporte de cargas, reduzindo custos e melhorando a eficiência.

Internet das Coisas (IoT): Sensores e dispositivos conectados que monitoram a localização e o estado das cargas em tempo real, proporcionando maior controle e segurança.

Big Data e Análise de Dados: Utilização de grandes volumes de dados para identificar padrões e otimizar rotas, tempos de entrega e utilização de recursos.

Veículos Autônomos: Desenvolvimento de caminhões e drones autônomos para o transporte de cargas, reduzindo a dependência de mão de obra e aumentando a eficiência.

Exemplos Práticos

Corredor de Exportação Norte (Arco Norte)

O Arco Norte é uma iniciativa para desenvolver a infraestrutura logística na região norte do Brasil, oferecendo uma rota alternativa para o escoamento da produção agrícola do Centro-Oeste.

Inclui investimentos em portos, ferrovias e hidrovias nos estados do Pará, Maranhão e Tocantins. O Arco Norte reduz a dependência dos portos do Sudeste e diminui os custos logísticos.

Projeto Ferrogrão

A Ferrogrão é uma ferrovia planejada para conectar a região produtora de grãos do Centro-Oeste aos portos do Arco Norte. Com aproximadamente 933 quilômetros de extensão, a Ferrogrão visa reduzir os custos de transporte e aumentar a competitividade das exportações agrícolas brasileiras.

O projeto está em fase de licenciamento ambiental e busca investimentos privados para sua construção.

Perspectivas Futuras

Expansão da Malha Ferroviária

A expansão da malha ferroviária é essencial para melhorar a eficiência logística no Brasil. Projetos como a Ferrogrão e a ampliação da Ferrovia Norte-Sul são fundamentais para conectar as regiões produtoras aos portos de exportação, reduzindo os custos e o tempo de transporte.

Desenvolvimento de Hidrovias

O desenvolvimento das hidrovias brasileiras pode oferecer uma alternativa sustentável e econômica para o transporte de cargas.

Investimentos em infraestrutura hidroviária, como dragagem de rios e construção de eclusas, são necessários para aumentar a capacidade e a eficiência das hidrovias.

Modernização de Portos

A modernização dos portos brasileiros é crucial para atender à demanda crescente do agronegócio. Investimentos em infraestrutura portuária, automação de operações e simplificação de processos alfandegários podem aumentar a capacidade e a eficiência dos portos.

Integração de Modais

A integração eficiente dos diferentes modais de transporte é uma prioridade para o futuro da logística no Brasil. Projetos de intermodalidade, que combinam rodovias, ferrovias, hidrovias e portos, podem otimizar o transporte de cargas, reduzir custos e melhorar a competitividade do agronegócio.

Conclusão

A infraestrutura logística é um fator crítico para o sucesso do agronegócio brasileiro, influenciando a eficiência, a competitividade e a sustentabilidade das cadeias produtivas.

Apesar dos desafios históricos e atuais, o Brasil tem oportunidades significativas para melhorar sua infraestrutura logística por meio de investimentos, inovações tecnológicas e integração de modais.

Com uma abordagem estratégica e um compromisso com a modernização e a eficiência, o Brasil pode se posicionar como um líder global no escoamento de produtos agrícolas e pecuários, contribuindo para o desenvolvimento econômico e a segurança alimentar mundial.

3.5 Setor Financeiro e Mercado de Capitais

O setor financeiro e o mercado de capitais desempenham papéis cruciais na facilitação do fluxo de investimentos, proporcionando o suporte necessário para o crescimento econômico e o desenvolvimento do agronegócio no Brasil.

Este capítulo abordará a estrutura do setor financeiro brasileiro, o mercado de capitais, os principais instrumentos financeiros disponíveis, o papel das instituições financeiras, os desafios enfrentados e as oportunidades emergentes.

Estrutura do Setor Financeiro Brasileiro

O setor financeiro brasileiro é composto por diversas instituições que operam em diferentes segmentos, incluindo bancos comerciais, bancos de investimento, cooperativas de crédito, seguradoras e fundos de pensão.

A regulação do setor é responsabilidade do Banco Central do Brasil (BCB), da Comissão de Valores Mobiliários (CVM) e do Conselho Monetário Nacional (CMN).

Banco Central do Brasil (BCB)

O BCB é o principal regulador do sistema financeiro, responsável pela política monetária, regulação e supervisão dos bancos e pelo controle da inflação. Sua atuação é fundamental para a estabilidade financeira e a confiança dos investidores.

Comissão de Valores Mobiliários (CVM)

A CVM regula o mercado de capitais, garantindo a transparência e a integridade das operações com valores mobiliários. Sua missão inclui a proteção dos investidores e a promoção do desenvolvimento do mercado de capitais.

Conselho Monetário Nacional (CMN)

O CMN é a entidade máxima do sistema financeiro nacional, responsável por formular políticas monetárias, creditícias e cambiais. Suas decisões impactam diretamente a atuação das instituições financeiras e a disponibilidade de crédito no mercado.

Mercado de Capitais

O mercado de capitais no Brasil é um componente vital para o financiamento de longo prazo e o crescimento econômico. Ele é composto por diversos segmentos, incluindo ações, títulos de dívida, derivativos e fundos de investimento.

Bolsa de Valores

A principal bolsa de valores do Brasil é a B3 (Brasil, Bolsa, Balcão), que resultou da fusão entre a BM&FBOVESPA e a Cetip. A B3 oferece uma plataforma para negociação de ações, derivativos, títulos de renda fixa e outros instrumentos financeiros.

Dados Históricos

Historicamente, o mercado de capitais brasileiro tem mostrado crescimento robusto. Em 2007, a BM&FBOVESPA registrou um volume médio diário de R$ 4,3 bilhões, um aumento significativo em comparação com os anos anteriores.

A crise financeira global de 2008 impactou o mercado, mas ele se recuperou rapidamente, atingindo novos patamares de negociação e capitalização.

Dados Atuais

Atualmente, a B3 é uma das maiores bolsas de valores do mundo em termos de valor de mercado e volume de negociação. Em 2023, o volume médio diário negociado na B3 foi de aproximadamente R$ 30 bilhões, com uma capitalização de mercado total de cerca de R$ 5 trilhões.

O índice Ibovespa, principal indicador da bolsa, tem mostrado desempenho positivo, refletindo a confiança dos investidores no mercado brasileiro.

Títulos de Dívida

Os títulos de dívida, como debêntures e letras financeiras, são importantes instrumentos de financiamento para empresas e governos. Esses títulos permitem a captação de recursos a longo prazo, oferecendo rendimentos fixos ou variáveis aos investidores.

Dados Históricos

O mercado de títulos de dívida no Brasil tem se expandido consistentemente. Em 2010, o volume de emissão de debêntures foi de R$ 50 bilhões.

Desde então, o mercado tem crescido, com um aumento na diversificação dos emissores e dos investidores.

Dados Atuais

Em 2023, o volume de emissão de debêntures atingiu aproximadamente R$ 200 bilhões, refletindo a maturidade e a sofisticação do mercado.

As debêntures incentivadas, que oferecem benefícios fiscais para projetos de infraestrutura, têm sido um segmento de destaque, atraindo um número crescente de investidores institucionais e individuais.

Derivativos

O mercado de derivativos no Brasil é altamente desenvolvido, oferecendo instrumentos para gestão de risco e especulação. Os derivativos mais negociados incluem contratos futuros, opções e swaps.

Dados Históricos

O mercado de derivativos começou a se desenvolver na década de 1980, com a criação da BM&F (Bolsa de Mercadorias & Futuros). Desde então, a negociação de derivativos tem crescido significativamente, acompanhando a expansão do mercado financeiro brasileiro.

Dados Atuais

Em 2023, o volume médio diário de negociação de derivativos na B3 foi de cerca de 4 milhões de contratos, refletindo a importância desses instrumentos para a gestão de risco e a liquidez do mercado. Os contratos futuros de taxa de câmbio, taxa de juros e commodities são os mais negociados.

Fundos de Investimento

Os fundos de investimento são veículos importantes para a diversificação e o acesso ao mercado de capitais. Eles permitem que investidores individuais e institucionais participem de uma ampla gama de ativos, incluindo ações, títulos de dívida, imóveis e derivativos.

Dados Históricos

O mercado de fundos de investimento no Brasil cresceu substancialmente nas últimas décadas. Em 2000, o patrimônio líquido dos fundos de investimento era de aproximadamente R$ 250 bilhões. Esse crescimento foi impulsionado pela estabilidade econômica e pelas reformas regulatórias que incentivaram a participação dos investidores.

Dados Atuais

Em 2023, o patrimônio líquido dos fundos de investimento no Brasil ultrapassou R$ 6 trilhões, com mais de 20 mil fundos registrados na CVM. Os fundos de renda fixa e multimercados são os mais populares, refletindo a busca dos investidores por diversificação e retornos ajustados ao risco.

Papel das Instituições Financeiras

As instituições financeiras desempenham um papel essencial no suporte ao agronegócio e no desenvolvimento do mercado de capitais. Bancos comerciais, bancos de investimento, cooperativas de crédito e seguradoras são alguns dos principais atores desse ecossistema.

Bancos Comerciais

Os bancos comerciais são os principais provedores de crédito de curto e longo prazo para o agronegócio. Eles oferecem uma ampla gama de produtos financeiros, incluindo empréstimos, financiamentos e linhas de crédito específicas para o setor agrícola.

Dados Históricos

Historicamente, os bancos comerciais têm sido fundamentais para o financiamento do agronegócio no Brasil. Na década de 1990, a liberalização do sistema bancário e a estabilização econômica aumentaram a disponibilidade de crédito para o setor.

Dados Atuais

Atualmente, os bancos comerciais brasileiros possuem uma carteira de crédito agrícola que ultrapassa R$ 300 bilhões. O Banco do Brasil, a Caixa Econômica Federal, o Bradesco e o Itaú Unibanco são os principais bancos comerciais atuando no agronegócio, oferecendo produtos financeiros especializados e suporte técnico aos produtores.

Bancos de Investimento

Os bancos de investimento são cruciais para a estruturação de operações de mercado de capitais, como emissões de ações, debêntures e outros títulos de dívida. Eles também atuam em fusões e aquisições, reestruturação de empresas e consultoria financeira.

Dados Históricos

Os bancos de investimento começaram a ganhar importância no Brasil a partir da década de 2000, com a abertura de capital de várias empresas e o crescimento do mercado de capitais. A privatização de empresas estatais e as reformas econômicas impulsionaram o desenvolvimento desse segmento.

Dados Atuais

Em 2023, os bancos de investimento no Brasil participaram de operações de mercado de capitais que somaram mais de R$ 300 bilhões. As instituições mais atuantes incluem BTG Pactual, Banco Santander, XP Investimentos e Itaú BBA.

Cooperativas de Crédito

As cooperativas de crédito são instituições financeiras que oferecem produtos e serviços bancários a seus associados, com foco no desenvolvimento local e no apoio ao agronegócio. Elas são especialmente importantes em regiões rurais e áreas onde o acesso aos bancos comerciais é limitado.

Dados Históricos

As cooperativas de crédito têm uma longa história no Brasil, com as primeiras sendo fundadas no início do século XX. Elas desempenharam um papel crucial na inclusão financeira e no suporte ao desenvolvimento rural.

Dados Atuais

Atualmente, existem mais de 1.000 cooperativas de crédito no Brasil, com uma carteira de crédito agrícola que ultrapassa R$ 40 bilhões. O Sicoob, o Sicredi e a Cresol são algumas das maiores cooperativas de crédito do país, oferecendo uma ampla gama de produtos financeiros e serviços de consultoria técnica aos seus associados.

Seguradoras

As seguradoras oferecem produtos de seguro agrícola, garantindo a proteção dos produtores contra riscos como condições climáticas adversas, pragas e doenças.

Os seguros agrícolas são essenciais para a sustentabilidade e a resiliência do agronegócio.

Dados Históricos

O mercado de seguros agrícolas no Brasil começou a se desenvolver na década de 1970, com a criação de programas governamentais de subsídio ao seguro rural.

A evolução do mercado foi lenta, mas ganhou impulso com a maior conscientização sobre a importância da gestão de riscos.

Dados Atuais

Em 2023, o mercado de seguros agrícolas no Brasil movimentou aproximadamente R$ 10 bilhões em prêmios, com mais de 200 mil apólices emitidas. As seguradoras mais atuantes incluem a MAPFRE, a Allianz e a Tokio Marine, oferecendo uma ampla gama de produtos de seguro agrícola adaptados às necessidades dos produtores.

Desafios no Setor Financeiro e Mercado de Capitais

Volatilidade Econômica

A volatilidade econômica é um desafio significativo para o setor financeiro e o mercado de capitais no Brasil.

Fatores como flutuações cambiais, inflação e incertezas políticas podem impactar negativamente a confiança dos investidores e a disponibilidade de crédito.

Complexidade Regulatória

A complexidade regulatória é uma barreira para a eficiência e a inovação no setor financeiro. O cumprimento de normas e regulamentações rigorosas pode aumentar os custos operacionais e limitar a capacidade das instituições financeiras de oferecer produtos inovadores.

Inclusão Financeira

A inclusão financeira continua a ser um desafio, especialmente em áreas rurais e regiões menos desenvolvidas. O acesso limitado a serviços bancários e a falta de educação financeira são obstáculos para a participação plena no mercado de capitais.

Oportunidades Emergentes

Fintechs

As fintechs estão transformando o setor financeiro no Brasil, oferecendo soluções inovadoras e acessíveis para uma ampla gama de serviços financeiros. Elas têm o potencial de aumentar a inclusão financeira, reduzir custos e melhorar a eficiência operacional.

Dados Atuais

Em 2023, o Brasil tinha mais de 1.000 fintechs operando em diversos segmentos, como pagamentos, crédito, investimentos e seguros. Essas empresas atraíram mais de R$ 20 bilhões em investimentos, refletindo a confiança dos investidores no potencial de crescimento e inovação das fintechs.

ESG e Sustentabilidade

A crescente demanda por investimentos sustentáveis e alinhados aos princípios ESG (ambiental, social e governança) representa uma oportunidade significativa para o mercado de capitais brasileiro. Fundos de investimento e empresas que adotam práticas sustentáveis estão atraindo um número crescente de investidores conscientes.

Dados Atuais

Em 2023, os fundos de investimento ESG no Brasil gerenciaram um patrimônio de aproximadamente R$ 50 bilhões, com um crescimento anual de 30%. Empresas listadas na B3 que adotam práticas ESG estão se destacando em termos de valorização de mercado e atração de investidores.

Digitalização e Automação

A digitalização e a automação dos processos financeiros estão revolucionando o setor, aumentando a eficiência, reduzindo custos e melhorando a experiência dos clientes. A adoção de tecnologias como inteligência artificial, blockchain e big data está criando novas oportunidades para o desenvolvimento do mercado de capitais.

Dados Atuais

Em 2023, cerca de 80% das transações financeiras no Brasil foram realizadas digitalmente. As instituições financeiras estão investindo pesadamente em tecnologia, com um gasto anual superior a R$ 10 bilhões em inovação digital.

Conclusão

O setor financeiro e o mercado de capitais são pilares fundamentais para o desenvolvimento econômico e o crescimento do agronegócio no Brasil. Apesar dos desafios, o país possui uma infraestrutura financeira robusta e diversificada, capaz de oferecer suporte às necessidades dos produtores e investidores.

As oportunidades emergentes, como fintechs, investimentos ESG e digitalização, prometem transformar o mercado, aumentando a eficiência, a inclusão financeira e a competitividade global. Com uma abordagem estratégica e um compromisso com a inovação e a sustentabilidade, o setor financeiro brasileiro pode continuar a prosperar, contribuindo significativamente para o desenvolvimento econômico e social do país.

3.6 Turismo e Hospitalidade

O setor de turismo e hospitalidade é uma das indústrias mais dinâmicas e de rápido crescimento no Brasil.

Este capítulo explorará a importância econômica do setor, os principais destinos turísticos, a infraestrutura de hospitalidade, os desafios enfrentados e as oportunidades emergentes. Serão apresentados dados históricos e atuais, com análises detalhadas sobre o desempenho e as perspectivas futuras do turismo e da hospitalidade no Brasil.

Importância Econômica do Turismo

O turismo é uma importante fonte de receita para o Brasil, contribuindo significativamente para o PIB, a geração de empregos e a entrada de divisas estrangeiras.

Em 2019, antes da pandemia de COVID-19, o setor de turismo representava cerca de 7,7% do PIB brasileiro, de acordo com o Conselho Mundial de Viagens e Turismo (WTTC).

Dados Históricos

Historicamente, o turismo no Brasil tem sido um setor em crescimento constante. Na década de 1990, o país começou a se destacar como destino turístico internacional, especialmente após a realização da Conferência das Nações Unidas sobre o Meio Ambiente e o Desenvolvimento (ECO-92) no Rio de Janeiro. Na década de 2000, o Brasil sediou eventos importantes, como os Jogos Pan-Americanos de 2007, a Copa do Mundo FIFA de 2014 e os Jogos Olímpicos de Verão de 2016, que impulsionaram ainda mais o turismo.

Dados Atuais

Em 2022, o Brasil recebeu cerca de 3,6 milhões de turistas internacionais, um aumento de 60% em relação a 2021, mas ainda abaixo dos níveis pré-pandemia, quando o país recebia cerca de 6,6 milhões de turistas por ano.

O turismo doméstico também tem se recuperado, com mais de 90 milhões de viagens realizadas dentro do país em 2022.

Principais Destinos Turísticos

O Brasil é conhecido por sua diversidade de destinos turísticos, que vão desde praias paradisíacas e florestas tropicais até cidades históricas e modernas metrópoles. Entre os principais destinos estão:

Rio de Janeiro

O Rio de Janeiro é um dos destinos turísticos mais famosos do mundo, conhecido por suas praias icônicas como Copacabana e Ipanema, o Cristo Redentor e o Pão de Açúcar. A cidade também é famosa por seu carnaval, que atrai milhões de turistas todos os anos.

Dados Atuais

Em 2023, o Rio de Janeiro recebeu cerca de 1,5 milhão de turistas internacionais e 5 milhões de turistas domésticos. A ocupação hoteleira na cidade durante o carnaval atingiu 90%, refletindo a popularidade contínua do evento.

São Paulo

São Paulo é o principal centro financeiro do Brasil e um importante destino de turismo de negócios. A cidade oferece uma ampla gama de atrações culturais, incluindo museus, teatros e uma vibrante vida noturna.

Dados Atuais

Em 2023, São Paulo recebeu cerca de 2 milhões de turistas internacionais e 10 milhões de turistas domésticos. A cidade sediou mais de 800 eventos de negócios, conferências e feiras, destacando-se como um hub para o turismo de negócios.

Amazônia

A Amazônia é um destino turístico de ecoturismo e aventura, atraindo visitantes interessados em explorar a biodiversidade única da floresta tropical. Cruzeiros pelo rio Amazonas e visitas a reservas ecológicas são atividades populares.

Dados Atuais

Em 2023, a região amazônica recebeu aproximadamente 500 mil turistas, com um aumento significativo no ecoturismo e turismo de aventura. A conscientização sobre a conservação ambiental tem impulsionado a demanda por experiências de turismo sustentável.

Nordeste Brasileiro

O Nordeste é conhecido por suas praias paradisíacas, cultura rica e gastronomia única. Destinos populares incluem Salvador, Recife, Fortaleza e Natal.

Dados Atuais

Em 2023, o Nordeste brasileiro recebeu cerca de 7 milhões de turistas domésticos e 1 milhão de turistas internacionais. A região é especialmente popular durante as férias de verão e o carnaval, com ocupação hoteleira atingindo 85% durante esses períodos.

Infraestrutura de Hospitalidade

A infraestrutura de hospitalidade no Brasil é ampla e diversificada, abrangendo hotéis, resorts, pousadas, hostels e aluguel por temporada. O setor tem se modernizado e expandido para atender à demanda crescente dos turistas.

Dados Históricos

Historicamente, a infraestrutura de hospitalidade no Brasil tem se desenvolvido paralelamente ao crescimento do turismo. Na década de 2000, houve um boom na construção de hotéis e resorts, especialmente em preparação para a Copa do Mundo de 2014 e as Olimpíadas de 2016.

Dados Atuais

Em 2023, o Brasil contava com mais de 30 mil estabelecimentos de hospedagem, incluindo hotéis, resorts, pousadas e hostels, oferecendo um total de aproximadamente 1,2 milhão de leitos. As grandes redes hoteleiras internacionais, como Marriott, Hilton e Accor, têm presença significativa no país, enquanto os hotéis independentes e boutique também são populares.

Investimentos em Infraestrutura

Os investimentos em infraestrutura de hospitalidade têm sido robustos. Entre 2018 e 2023, foram investidos cerca de R$ 15 bilhões na construção e modernização de hotéis e resorts no Brasil. A expansão da rede hoteleira tem sido particularmente intensa em destinos turísticos populares como Rio de Janeiro, São Paulo, Nordeste e a região Amazônica.

Desafios no Setor de Turismo e Hospitalidade

Pandemia de COVID-19

A pandemia de COVID-19 teve um impacto devastador no setor de turismo e hospitalidade globalmente, e o Brasil não foi exceção. Em 2020, as chegadas de turistas internacionais caíram 66%, e o setor enfrentou perdas significativas de receita e empregos.

Infraestrutura e Conectividade

A infraestrutura de transporte, incluindo aeroportos, estradas e portos, ainda apresenta desafios no Brasil. A conectividade aérea é limitada em algumas regiões, dificultando o acesso a destinos turísticos remotos.

Segurança e Percepção Internacional

A segurança é uma preocupação para muitos turistas internacionais. A alta taxa de criminalidade em algumas áreas urbanas pode impactar negativamente a percepção do Brasil como destino turístico seguro.

Sustentabilidade

A sustentabilidade é um desafio crescente, especialmente em destinos de ecoturismo. O manejo inadequado do turismo pode levar à degradação ambiental e à perda de biodiversidade.

Oportunidades Emergentes

Turismo Doméstico

O turismo doméstico tem se mostrado uma oportunidade significativa, especialmente durante a recuperação pós-pandemia. Incentivos governamentais e campanhas de promoção do turismo interno têm estimulado o crescimento desse segmento.

Dados Atuais

Em 2023, o turismo doméstico no Brasil registrou um crescimento de 15% em relação ao ano anterior, com mais de 100 milhões de viagens realizadas por brasileiros dentro do país. Esse aumento foi impulsionado por campanhas promocionais e incentivos fiscais para viagens domésticas.

Turismo de Experiência

O turismo de experiência, que oferece atividades autênticas e imersivas, está ganhando popularidade. Experiências como visitas a comunidades indígenas, passeios gastronômicos e atividades de ecoturismo estão atraindo um número crescente de turistas.

Dados Atuais

Em 2023, o segmento de turismo de experiência cresceu 20%, com uma receita de aproximadamente R$ 5 bilhões. Esse crescimento reflete a demanda crescente por experiências autênticas e personalizadas.

Inovações Tecnológicas

A adoção de inovações tecnológicas está transformando o setor de hospitalidade. Ferramentas de reservas online, inteligência artificial para atendimento ao cliente e automação de processos estão melhorando a eficiência e a experiência dos hóspedes.

Dados Atuais

Em 2023, mais de 80% das reservas de hospedagem no Brasil foram realizadas online. As grandes redes hoteleiras estão investindo em tecnologia, com um gasto anual de aproximadamente R$ 1 bilhão em inovações digitais.

Sustentabilidade e Turismo Verde

A demanda por turismo sustentável está crescendo, e o Brasil tem potencial para se destacar como destino de turismo verde. Iniciativas de conservação ambiental, certificações de sustentabilidade e práticas responsáveis podem atrair turistas conscientes.

Dados Atuais

Em 2023, o Brasil contava com mais de 300 empreendimentos de turismo sustentável certificados, representando um crescimento de 25% em relação ao ano anterior. Esses empreendimentos geraram uma receita de aproximadamente R$ 2 bilhões, refletindo a demanda crescente por turismo responsável.

Conclusão

O setor de turismo e hospitalidade é um dos pilares da economia brasileira, com um impacto significativo na geração de empregos, na receita e no desenvolvimento regional.

Apesar dos desafios, como a pandemia de COVID-19, a infraestrutura e a segurança, o Brasil possui um vasto potencial para crescer e se consolidar como um destino turístico de classe mundial. As oportunidades emergentes, como o turismo doméstico, de experiência, sustentável e a inovação tecnológica, prometem transformar o setor, aumentando a competitividade e a atratividade do Brasil no cenário global.

Com investimentos estratégicos, políticas públicas favoráveis e um compromisso com a sustentabilidade, o Brasil pode continuar a desenvolver seu turismo e hospitalidade, contribuindo para o crescimento econômico e o bem-estar social do país.

3.7 Desafios e Considerações

O setor de investimentos e negócios no Brasil enfrenta uma série de desafios que podem impactar a atratividade do país como destino de investimento.

Este capítulo aborda os principais desafios enfrentados pelos investidores e empresas no Brasil, além das considerações necessárias para superar essas barreiras e aproveitar as oportunidades. Serão apresentados dados históricos e atuais, análises detalhadas e recomendações para lidar com esses desafios.

Desafios Econômicos

Instabilidade Econômica e Política

A instabilidade econômica e política é um desafio significativo para o ambiente de negócios no Brasil. Flutuações econômicas, mudanças de governo e incertezas políticas podem afetar a confiança dos investidores e a previsibilidade do mercado.

Dados Históricos

Historicamente, o Brasil tem enfrentado períodos de instabilidade econômica e política. A crise financeira global de 2008 teve um impacto negativo sobre a economia brasileira, que foi exacerbado por crises políticas internas, incluindo o impeachment do presidente Dilma Rousseff em 2016 e a subsequente recessão econômica.

Dados Atuais

Em 2023, o Brasil ainda enfrenta desafios econômicos e políticos, com um crescimento do PIB de aproximadamente 1,8% ao ano e uma inflação persistente em torno de 6%. As incertezas políticas relacionadas às eleições e às reformas fiscais podem continuar a impactar a confiança dos investidores e a estabilidade econômica.

Câmbio e Volatilidade Monetária

A volatilidade cambial é uma preocupação para os investidores estrangeiros, especialmente em um ambiente de câmbio instável. As flutuações na taxa de câmbio podem impactar os retornos dos investimentos e a competitividade das exportações brasileiras.

Dados Históricos

Historicamente, o real brasileiro tem experimentado volatilidade cambial significativa. Em 2015, a moeda brasileira desvalorizou-se em cerca de 50% em relação ao dólar americano devido a uma combinação de fatores econômicos e políticos.

Dados Atuais

Em 2023, o real brasileiro continuou a enfrentar volatilidade em relação ao dólar americano, com uma taxa de câmbio média de R$ 5,10 por dólar. As tensões comerciais globais, a política monetária dos Estados Unidos e as incertezas internas contribuem para a instabilidade cambial.

Desafios Regulatórios e Burocráticos

Complexidade Regulamentar

A complexidade regulatória no Brasil é um desafio significativo para investidores e empresas. O país possui uma extensa e complexa legislação que pode dificultar a conformidade e aumentar os custos operacionais.

Dados Históricos

Historicamente, a complexidade regulatória no Brasil tem sido um obstáculo para os negócios. De acordo com o Banco Mundial, o Brasil está classificado entre os países com maior número de requisitos regulatórios para a criação e operação de empresas.

Dados Atuais

Em 2023, o Brasil ocupa a 124ª posição no ranking Doing Business do Banco Mundial, que avalia a facilidade de fazer negócios em diferentes países. A complexidade regulatória, incluindo questões como a obtenção de licenças, a conformidade fiscal e a legislação trabalhista, continua a ser um desafio para os investidores.

Burocracia e Custo de Conformidade

A burocracia excessiva e o alto custo de conformidade são desafios significativos para as empresas no Brasil. A necessidade de cumprir uma variedade de regulamentos e normas pode aumentar os custos e atrasar processos.

Dados Históricos

Historicamente, o Brasil tem enfrentado desafios relacionados à burocracia e aos custos de conformidade. Em 2020, o custo de abrir uma empresa no Brasil era cerca de R$ 2.500, em comparação com a média global de R$ 1.300, de acordo com o Banco Mundial.

Dados Atuais

Em 2023, o custo de conformidade para empresas no Brasil continua a ser elevado. A implementação de reformas regulatórias tem sido lenta, e a carga burocrática pode adicionar até 5% ao custo total de operação das empresas, de acordo com a Confederação Nacional da Indústria (CNI).

Desafios Infraestruturais

Infraestrutura Deficiente

A infraestrutura deficiente é um desafio significativo para o desenvolvimento econômico e a atração de investimentos. Problemas em áreas como transporte, energia e telecomunicações podem limitar a eficiência e aumentar os custos operacionais.

Dados Históricos

Historicamente, o Brasil tem enfrentado desafios relacionados à infraestrutura. A falta de investimentos em infraestrutura tem sido um problema crônico, com déficits em áreas como transporte rodoviário, ferroviário e portuário.

Dados Atuais

Em 2023, o Brasil ainda enfrenta deficiências significativas em sua infraestrutura. O Índice de Competitividade Global do Fórum Econômico Mundial classifica a qualidade da infraestrutura brasileira em 81ª posição global, com desafios especialmente pronunciados no transporte e na logística.

Problemas no Setor de Energia

O setor de energia também enfrenta desafios, incluindo a dependência de fontes de energia não renováveis e problemas na distribuição e na oferta de energia.

Dados Históricos

Historicamente, o Brasil tem enfrentado problemas relacionados ao setor de energia, incluindo crises de abastecimento em 2001 devido a uma seca severa que impactou a geração hidroelétrica.

Dados Atuais

Em 2023, o Brasil está trabalhando para diversificar sua matriz energética, com investimentos em energia solar e eólica. No entanto, o setor ainda enfrenta desafios, como a sobrecarga na infraestrutura de transmissão e a necessidade de investimentos adicionais em geração e distribuição de energia.

Desafios Sociais e Ambientais

Desigualdade Social

A desigualdade social é um desafio significativo para o Brasil, impactando a qualidade de vida e o potencial de crescimento econômico. A disparidade entre diferentes regiões e classes sociais pode afetar a estabilidade social e a coesão econômica.

Dados Históricos

Historicamente, o Brasil tem enfrentado altos níveis de desigualdade social. O Índice de Gini, que mede a desigualdade de renda, foi de 0,53 em 2020, um dos mais altos do mundo.

Dados Atuais

Em 2023, o Brasil continua a enfrentar desafios relacionados à desigualdade social. A pandemia de COVID-19 exacerbou as disparidades econômicas e sociais, com a taxa de pobreza aumentando para cerca de 25% da população.

Questões Ambientais

O Brasil enfrenta desafios ambientais significativos, incluindo desmatamento, poluição e gestão de recursos naturais. A proteção ambiental e a sustentabilidade são preocupações cruciais para o desenvolvimento a longo prazo.

Dados Históricos

Historicamente, o desmatamento na Amazônia tem sido um problema grave. Em 2019, a taxa de desmatamento na Amazônia brasileira aumentou 34% em comparação com o ano anterior, conforme relatado pelo Instituto Nacional de Pesquisas Espaciais (INPE).

Dados Atuais

Em 2023, o desmatamento na Amazônia continua a ser uma questão crítica, com uma taxa anual de perda de florestas de aproximadamente 10.000 km².

A pressão internacional para adotar práticas de desenvolvimento sustentável e a implementação de políticas de proteção ambiental são essenciais para enfrentar esses desafios.

Considerações e Recomendações

Melhoria do Ambiente Regulatório

A simplificação e a harmonização das regulamentações podem melhorar o ambiente de negócios no Brasil. Reformas regulatórias que reduzem a burocracia e os custos de conformidade podem aumentar a atratividade do país para investidores e empresas.

Investimentos em Infraestrutura

O investimento em infraestrutura é crucial para suportar o crescimento econômico e melhorar a competitividade.

O desenvolvimento de projetos de infraestrutura, especialmente em transporte e energia, pode reduzir os custos operacionais e melhorar a eficiência.

Foco na Sustentabilidade

A sustentabilidade deve ser uma prioridade para o desenvolvimento a longo prazo. Investimentos em práticas ambientais responsáveis e em tecnologias sustentáveis podem ajudar a proteger os recursos naturais e melhorar a imagem do Brasil como destino de investimento responsável.

Promoção da Inclusão Social

A promoção da inclusão social e a redução da desigualdade são essenciais para garantir a estabilidade e o crescimento sustentável. Políticas que abordam a pobreza, a educação e a saúde podem contribuir para um ambiente mais estável e coeso.

Reforço da Segurança

A segurança é um fator importante para a atração de turistas e investidores. O fortalecimento das políticas de segurança e a melhoria das condições nas áreas urbanas e rurais podem aumentar a confiança dos investidores e a atratividade do Brasil como destino turístico.

Conclusão

Os desafios enfrentados pelo Brasil no setor de investimentos e negócios são complexos e multifacetados. A instabilidade econômica e política, a complexidade regulatória, a infraestrutura deficiente e os problemas sociais e ambientais são questões cruciais que precisam ser abordadas para melhorar a atratividade do país para investidores e empresas.

Com a implementação de reformas estratégicas, investimentos em infraestrutura, foco na sustentabilidade e promoção da inclusão social, o Brasil pode superar esses desafios e aproveitar as oportunidades para crescer e se desenvolver como um destino de investimento e turismo global.

4. Processo de Investimento

Estabelecer um negócio no Brasil é um processo complexo e multifacetado, envolvendo várias etapas e a navegação por um ambiente regulatório detalhado.

Este capítulo fornece uma análise abrangente dos passos necessários para estabelecer um negócio no Brasil, explora os procedimentos legais e regulamentares relevantes e oferece dicas práticas para investidores estrangeiros, com um nível elevado de detalhes e robustez.

4.1 Passos para Estabelecer um Negócio no Brasil

4.1.1 Pesquisa e Planejamento

Antes de iniciar um negócio no Brasil, é essencial realizar uma pesquisa detalhada e um planejamento estratégico para entender o mercado local e as oportunidades disponíveis.

Dados Históricos

A importância da pesquisa de mercado no Brasil é bem documentada. Estudos mostram que empresas que realizam uma análise de mercado detalhada e ajustam suas estratégias de acordo com as condições locais têm uma probabilidade significativamente maior de sucesso.

Por exemplo, empresas como a McDonald's e a Starbucks realizaram extensas pesquisas para adaptar seus produtos ao gosto brasileiro, o que contribuiu para seu sucesso no país.

Dados Atuais

Em 2023, a realização de pesquisa de mercado é facilitada por ferramentas digitais e análises de Big Data. Plataformas como o Google Trends, IBGE e instituições de pesquisa como a FGV oferecem dados detalhados sobre tendências de consumo, comportamento do consumidor e oportunidades de mercado.

Utilizar essas ferramentas permite uma análise mais precisa e atualizada do mercado brasileiro.

4.1.2 Escolha da Estrutura Jurídica

A escolha da estrutura jurídica é um passo crítico e deve ser baseada na natureza do negócio, no tamanho da empresa e nos objetivos de longo prazo. As principais formas jurídicas são:

Sociedade Limitada (LTDA): Requer pelo menos dois sócios e a responsabilidade dos sócios é limitada ao capital social. É a forma mais comum de empresa no Brasil.

Sociedade Anônima (S/A): Adequada para empresas maiores que desejam levantar capital através da emissão de ações. Pode ser de capital fechado ou aberto.

Empresário Individual (EI) e Microempreendedor Individual (MEI): Formas simplificadas, adequadas para pequenos empresários e empreendedores individuais.

Dados Históricos

Historicamente, a Sociedade Limitada tem sido a forma jurídica mais popular no Brasil, representando cerca de 70% das empresas registradas, devido à sua flexibilidade e simplicidade.

A Sociedade Anônima é preferida por grandes empresas e aquelas que buscam financiamento público.

Dados Atuais

Em 2023, o perfil das novas empresas no Brasil mostra uma tendência crescente em direção ao MEI, com mais de 12 milhões de registros. A Sociedade Limitada continua a ser a forma jurídica dominante, representando 60% das novas empresas.

A Sociedade Anônima é escolhida por grandes corporações e empresas que planejam abrir capital na bolsa.

4.1.3 Registro da Empresa

O processo de registro de uma empresa no Brasil envolve várias etapas e órgãos. Os principais passos incluem:

Obtensão do CNPJ: O Cadastro Nacional da Pessoa Jurídica é obtido junto à Receita Federal. É um passo essencial para a legalização da empresa.

Registro na Junta Comercial: O registro da empresa na Junta Comercial do estado onde a empresa será localizada é necessário para formalizar a constituição da empresa.

Inscrição Estadual: Necessária para empresas que realizam operações de venda de mercadorias e serviços de transporte e comunicação.

Inscrição Municipal: Para obtenção do alvará de funcionamento e inscrição na Prefeitura, é necessária para empresas que prestam serviços ou têm atividades comerciais.

Dados Históricos

Historicamente, o processo de registro no Brasil tem sido complexo e moroso. Em 2010, o tempo médio para registrar uma empresa era de cerca de 45 dias, devido à burocracia e à necessidade de interações com vários órgãos.

Dados Atuais

Em 2023, o tempo médio para registrar uma empresa foi reduzido para cerca de 15 dias. A digitalização de processos e a implementação de plataformas online, como o Portal do Empreendedor e o Sistema Integrado de Comércio Exterior (SISCOMEX), contribuíram para a agilização do processo.

4.1.4 Abertura de Conta Bancária

A abertura de uma conta bancária empresarial é um passo crucial para a operação da empresa.

Isso envolve a apresentação de documentos, como o CNPJ, contrato social e comprovante de endereço.

Dados Históricos

Historicamente, a abertura de contas bancárias empresariais no Brasil pode ser demorada e exigir uma extensa documentação, o que pode levar semanas.

Dados Atuais

Em 2023, a abertura de contas bancárias empresariais pode ser feita, em muitos casos, de forma online. Bancos como Itaú, Bradesco e Banco do Brasil oferecem serviços digitais para a abertura de contas, reduzindo o tempo e a complexidade do processo.

4.1.5 Obtenção de Licenças e Autorizações

Dependendo da natureza do negócio, pode ser necessário obter diversas licenças e autorizações, como:

Alvará de Funcionamento: Emitido pela Prefeitura, é essencial para a operação de qualquer negócio.

Licença Sanitária: Necessária para empresas que lidam com alimentos, medicamentos ou produtos de saúde.

Licença Ambiental: Para empresas que realizam atividades com impacto ambiental, é necessário obter a licença junto aos órgãos ambientais estaduais ou federais.

Dados Históricos

Historicamente, a obtenção de licenças e autorizações tem sido um processo burocrático e variável, dependendo da localização e da natureza do negócio.

Dados Atuais

Em 2023, a maioria das licenças e autorizações pode ser obtida através de plataformas digitais de serviços municipais e estaduais.

No entanto, a necessidade de licenças específicas ainda varia conforme o setor e a localização, e o tempo para obtenção pode variar de semanas a meses.

4.2 Procedimentos Legais e Regulatórios

O Brasil possui um ambiente regulatório complexo e detalhado. Este segmento explora os principais aspectos legais e regulamentares que devem ser observados pelos investidores.

4.2.1 Legislação Trabalhista

A legislação trabalhista brasileira é abrangente e garante vários direitos aos trabalhadores, incluindo:

Contratos de Trabalho: Requisitos para a formalização dos contratos de trabalho, que devem ser registrados e detalhados.

Benefícios: Direitos a férias, 13º salário, licença maternidade/paternidade e seguro-desemprego.

Regulamentações de Saúde e Segurança: Normas relacionadas à saúde e segurança no trabalho, que devem ser cumpridas pelas empresas.

Dados Históricos

Historicamente, a Consolidação das Leis do Trabalho (CLT), que regula a legislação trabalhista no Brasil, tem sido rígida e detalhada.

Em 2017, foram implementadas reformas para flexibilizar algumas dessas leis e permitir maior negociação entre empregadores e empregados.

Dados Atuais

Em 2023, a CLT ainda é a principal legislação trabalhista no Brasil. As reformas de 2017 continuam a impactar a relação de trabalho, com novas regulamentações relacionadas ao trabalho remoto e às condições de trabalho em setores específicos.

4.2.2 Legislação Tributária

O sistema tributário brasileiro é complexo e inclui impostos federais, estaduais e municipais. Os principais impostos são:

Imposto de Renda de Pessoa Jurídica (IRPJ): Calculado com base no lucro da empresa. A alíquota varia conforme o regime tributário escolhido (Lucro Real, Lucro Presumido ou Simples Nacional).

Imposto sobre Circulação de Mercadorias e Serviços (ICMS): Imposto estadual que incide sobre a circulação de mercadorias e alguns serviços.

Imposto sobre Serviços (ISS): Imposto municipal aplicado sobre a prestação de serviços.

Dados Históricos

Historicamente, o sistema tributário brasileiro tem sido considerado um dos mais complexos e onerosos do mundo.

Em 2020, o custo de cumprir obrigações tributárias para empresas no Brasil foi estimado em cerca de 2.600 horas por ano, segundo o Banco Mundial.

Dados Atuais

Em 2023, a carga tributária no Brasil representa cerca de 33% do PIB. Embora reformas tributárias estejam em andamento, o sistema ainda é complexo.

A implementação do eSocial e o projeto de simplificação tributária buscam reduzir a carga e a complexidade do sistema.

4.2.3 Propriedade Intelectual

A proteção da propriedade intelectual é crucial para a proteção de inovações e marcas. As principais áreas incluem:

Patentes: Protegem invenções e processos inovadores.

Marcas: Protegem nomes, logotipos e slogans.

Direitos Autorais: Protegem obras literárias, artísticas e científicas.

Dados Históricos

Historicamente, o Brasil tem avançado na proteção da propriedade intelectual, com a adesão a convenções internacionais e o fortalecimento das leis nacionais.

Dados Atuais

Em 2023, o Instituto Nacional da Propriedade Industrial (INPI) administra os registros de propriedade intelectual no Brasil. O tempo médio para o registro de patentes é de 5 a 7 anos, enquanto o registro de marcas pode levar de 1 a 2 anos. O INPI está trabalhando para reduzir esses tempos e melhorar a eficiência dos processos.

4.3 Dicas Práticas para Investidores Estrangeiros

4.3.1 Conheça o Mercado Local

A compreensão do mercado local é fundamental. A adaptação às preferências culturais e aos hábitos de consumo pode ser decisiva para o sucesso.

Consultores locais e estudos de mercado aprofundados podem fornecer insights valiosos.

4.3.2 Tenha um Planejamento Tributário Adequado

O planejamento tributário é essencial para otimizar a carga tributária e garantir conformidade. Consultar especialistas em tributação pode ajudar a escolher o regime tributário mais vantajoso e a evitar problemas fiscais.

4.3.3 Avalie as Condições de Infraestrutura

crítico para a operação eficiente de um negócio. Avaliar a infraestrutura da localização desejada pode influenciar significativamente a decisão de onde estabelecer o negócio.

4.3.4 Esteja Preparado para a Burocracia

A burocracia no Brasil pode ser um desafio. Investir em advogados e consultores especializados pode facilitar a navegação pelos processos regulatórios e reduzir a carga burocrática.

4.3.5 Explore Parcerias Locais

Estabelecer parcerias com empresas locais pode facilitar a entrada no mercado e fornecer conhecimentos valiosos sobre o ambiente de negócios. Parcerias podem ajudar a superar barreiras culturais e regulatórias e a acessar redes locais.

4.3.6 Mantenha-se Atualizado

As regulamentações e políticas econômicas estão em constante mudança. Acompanhar as atualizações e mudanças nas leis pode ajudar a evitar problemas e aproveitar novas oportunidades. Inscrever-se em associações empresariais e participar de eventos do setor pode manter os investidores informados.

Conclusão

Estabelecer um negócio no Brasil envolve uma série de etapas e a consideração de um ambiente regulatório complexo. Desde a pesquisa e planejamento até a conformidade com as leis trabalhistas, tributárias e de propriedade intelectual, cada etapa exige atenção detalhada e planejamento estratégico.

Compreender o ambiente regulatório e adaptar-se às condições locais são fatores-chave para o sucesso dos investimentos no Brasil. Utilizar as dicas práticas e aproveitar os recursos disponíveis pode facilitar o processo e aumentar as chances de sucesso no mercado brasileiro.

5. Casos de Estudo: Análise de Empresas Estrangeiras que investiram no Brasil

Este capítulo oferece uma análise detalhada de vários casos de empresas estrangeiras que investiram no Brasil, destacando suas estratégias, os desafios enfrentados e as lições aprendidas.

O objetivo é fornecer uma compreensão aprofundada dos fatores que influenciam o sucesso e o fracasso de investimentos estrangeiros no país.

5.1 Caso 1: McDonald's

5.1.1 Contexto do Investimento

A McDonald's Corporation, uma das maiores cadeias de fast-food do mundo, iniciou suas operações no Brasil em 1981, com a abertura de seu primeiro restaurante em São Paulo.

O Brasil foi escolhido devido ao seu mercado promissor e ao crescimento econômico na época, além de uma classe média emergente com potencial para consumir produtos de fast-food.

Dados Econômicos e Mercadológicos:

Economia Brasileira (1981): Em 1981, o Brasil estava em uma fase de crescimento econômico, com um PIB de aproximadamente USD 268 bilhões (ajustado para inflação).

Demografia: A população brasileira era de cerca de 119 milhões, com uma classe média em expansão que começava a buscar novos produtos e experiências.

5.1.2 Estratégias Adotadas

Adaptação ao Mercado Local:

Cardápio Localizado: A McDonald's adaptou seu cardápio para incluir itens que atendem aos gostos brasileiros, como o "McFeast" e o "McSundae" com sabores locais. Esta estratégia foi fundamental para atrair e reter clientes, oferecendo produtos que ressoam com as preferências culturais e gastronômicas do país.

Cultura Local: A empresa incorporou elementos culturais brasileiros em sua comunicação e decoração, criando uma identidade de marca que se alinhava com o contexto local.

Expansão e Localização:

Expansão Acelerada: A McDonald's adotou uma estratégia de expansão rápida, abrindo unidades em grandes cidades como São Paulo, Rio de Janeiro e Belo Horizonte, e posteriormente em cidades menores. A escolha de locais em áreas de alto tráfego, como shoppings e centros comerciais, foi crucial para maximizar a visibilidade e o fluxo de clientes.

Modelos de Franquia: A empresa utilizou o modelo de franquias para acelerar a expansão, permitindo que empreendedores locais investissem e operassem as unidades, o que facilitou a penetração em diferentes regiões do Brasil.

Marketing e Comunicação:

Campanhas Publicitárias: Investiu em campanhas publicitárias adaptadas à cultura brasileira, utilizando celebridades locais e participando de eventos regionais para aumentar a visibilidade e a conexão com o público.

5.1.3 Desafios Enfrentados

Regulação e Burocracia:

Burocracia: A McDonald's enfrentou um ambiente regulatório complexo e uma carga burocrática que dificultaram a velocidade de expansão. Processos como a obtenção de licenças e alvarás eram demorados e exigiam interações com vários órgãos reguladores.

Concorrência e Preferências Locais:

Concorrência: A empresa encontrou uma concorrência significativa de redes de fast-food locais e restaurantes independentes, que já estavam estabelecidos no mercado.

Preferências Locais: A necessidade de adaptar continuamente o cardápio para atender às preferências dos consumidores brasileiros representou um desafio constante.

5.1.4 Lições Aprendidas

Importância da Localização e Adaptação:

Localização Estratégica: Escolher locais de alto tráfego e com visibilidade é crucial para o sucesso de um restaurante de fast-food.

Adaptação do Cardápio: Adaptar o cardápio às preferências culturais e gastronômicas locais pode aumentar a aceitação do produto e a fidelidade do cliente.

Gestão da Burocracia:

Planejamento e Recursos: Investir em recursos e planejamento para gerenciar a burocracia e as regulamentações locais é essencial para evitar atrasos e complicações.

5.2 Caso 2: Volkswagen

5.2.1 Contexto do Investimento

A Volkswagen (VW) iniciou suas operações no Brasil em 1953, estabelecendo uma fábrica em São Bernardo do Campo, São Paulo.

A decisão de investir no Brasil foi impulsionada pelo crescimento do mercado automotivo e pela oportunidade de diversificar a produção fora da Europa.

Dados Econômicos e Mercadológicos:

Economia Brasileira (1953): O Brasil estava em uma fase de industrialização, com uma economia emergente e uma população de aproximadamente 51 milhões de pessoas.

Mercado Automotivo: O mercado automobilístico brasileiro estava em expansão, com uma demanda crescente por veículos novos.

5.2.2 Estratégias Adotadas

Produção Local:

Fabricação Localizada: A VW decidiu montar veículos no Brasil para evitar tarifas de importação e reduzir custos. Este investimento inicial incluiu a construção de fábricas e a criação de uma rede de fornecedores locais.

Inovação e Tecnologia: Investiu em tecnologia e inovação para melhorar a eficiência da produção e atender aos padrões internacionais de qualidade.

Adaptação ao Mercado:

Modelos Adaptados: Introduziu modelos específicos para o mercado brasileiro, como o Fusca e o Gol, que se tornaram ícones da marca no país.

Parcerias Locais: Estabeleceu parcerias com fornecedores locais para garantir a disponibilidade e qualidade dos componentes e reduzir a dependência de importações.

Responsabilidade Social e Ambiental:

Projetos Comunitários: Implementou projetos de responsabilidade social para ganhar aceitação local, incluindo iniciativas em educação e saúde.

Sustentabilidade: Focou em práticas sustentáveis, como a redução do consumo de água e a implementação de processos de reciclagem na produção.

5.2.3 Desafios Enfrentados

Crises Econômicas e Políticas:

Instabilidade Econômica: Enfrentou desafios durante períodos de instabilidade econômica, como a crise financeira global de 2008 e a crise política de 2015-2016, que impactaram o mercado automotivo.

Mudanças Regulamentares: Adaptou-se às mudanças nas regulamentações ambientais e trabalhistas ao longo dos anos.

Concorrência:

Concorrência Intensa: A VW enfrentou forte concorrência de outras montadoras, tanto estrangeiras quanto locais, o que exigiu inovação contínua e uma estratégia de preços competitivos.

5.2.4 Lições Aprendidas

Investimento em Produção Local:

Montagem Local: Montar fábricas localmente pode reduzir custos e evitar tarifas de importação, facilitando a adaptação ao mercado local.

Adaptação e Flexibilidade:

Adaptação ao Mercado: A capacidade de adaptar produtos e processos às condições econômicas e regulatórias locais é fundamental para a sustentabilidade a longo prazo.

5.3 Caso 3: Apple

5.3.1 Contexto do Investimento

A Apple Inc., conhecida por seus produtos inovadores como o iPhone e o MacBook, começou a operar no Brasil em 1993.

No entanto, foi somente em 2011 que a empresa iniciou a fabricação local de iPhones em parceria com a Foxconn, para se beneficiar de incentivos fiscais e reduzir custos.

Dados Econômicos e Mercadológicos:

Economia Brasileira (2011): O Brasil estava passando por um período de crescimento econômico, com um PIB de aproximadamente USD 2,6 trilhões.

Mercado de Tecnologia: O mercado de tecnologia estava em expansão, com uma crescente demanda por produtos eletrônicos de consumo.

5.3.2 Estratégias Adotadas

Parceria com Fabricantes Locais:

Montagem Local: A Apple formou uma joint venture com a Foxconn para montar iPhones no Brasil. Esta estratégia permitiu à Apple reduzir os custos de importação e se beneficiar de incentivos fiscais.

Investimento em Infraestrutura: Investiu em infraestrutura para garantir que a montagem local atendesse aos padrões de qualidade globais.

Estratégia de Preços e Marketing:

Preço Competitivo: Ajustou a estratégia de preços para competir com marcas locais e oferecer produtos com valor agregado aos consumidores brasileiros.

Campanhas Publicitárias Locais: Utilizou campanhas publicitárias adaptadas ao mercado brasileiro, com foco em influenciadores locais e eventos relevantes.

Responsabilidade Social:

Educação e Inclusão: Investiu em programas de educação e inclusão digital para promover o uso responsável da tecnologia e engajar a comunidade local.

5.3.3 Desafios Enfrentados

Burocracia e Carga Tributária:

Tributação Elevada: A alta carga tributária e a complexidade das regulamentações fiscais foram desafios significativos, impactando a estratégia de preços e a margem de lucro.

Regulamentações Locais: Enfrentou desafios na conformidade com regulamentações ambientais e de segurança locais.

Concorrência e Mudanças no Mercado:

Concorrência Local: Enfrentou concorrência intensa de fabricantes locais e outras marcas internacionais, exigindo inovação constante e estratégias eficazes de marketing.

Mudanças Tecnológicas: A rápida evolução tecnológica e as mudanças nas preferências dos consumidores exigiram adaptações contínuas.

5.3.4 Lições Aprendidas

Montagem Local e Incentivos Fiscais:

Parcerias Locais: Formar parcerias com fabricantes locais pode oferecer benefícios significativos, como incentivos fiscais e redução de custos de importação.

Adaptação às Condições Locais:

Ajustes de Preço e Marketing: Adaptar a estratégia de preços e marketing às condições locais é essencial para competir efetivamente no mercado.

5.4 Caso 4: Ambev (Anheuser-Busch InBev)

5.4.1 Contexto do Investimento

A Ambev, resultado da fusão entre a Companhia de Bebidas das Américas (Ambev) e a Anheuser-Busch InBev, é uma das maiores fabricantes de bebidas da América Latina. A empresa começou a expandir suas operações no Brasil a partir da década de 1990, consolidando sua posição como líder no mercado de bebidas.

Dados Econômicos e Mercadológicos:

Economia Brasileira (1990): O Brasil estava saindo de um período de hiperinflação e começava a se estabilizar economicamente com o Plano Real.

Mercado de Bebidas: O mercado de bebidas estava crescendo, com uma demanda crescente por cervejas e refrigerantes.

5.4.2 Estratégias Adotadas

Expansão Agressiva:

Aquisição de Concorrentes: A Ambev adotou uma estratégia de expansão agressiva por meio da aquisição de concorrentes locais e internacionais, como a compra da Kaiser e a fusão com a Anheuser-Busch.

Investimento em Infraestrutura: Investiu na construção de novas fábricas e na modernização das existentes, garantindo capacidade produtiva e eficiência.

Localização e Personalização:

Produtos Localizados: Desenvolveu produtos específicos para o mercado brasileiro, como a cerveja Skol, e adaptou estratégias de marketing para atrair consumidores.

Promoções e Publicidade: Utilizou campanhas publicitárias de grande impacto e promoções para aumentar a penetração no mercado e fidelizar clientes.

Sustentabilidade e Responsabilidade Social:

Programas de Sustentabilidade: Implementou iniciativas de sustentabilidade, como a redução do consumo de água e o aumento da reciclagem de embalagens.

Responsabilidade Social: Participou de projetos comunitários e patrocinou eventos locais para fortalecer sua imagem corporativa e engajar a comunidade.

5.4.3 Desafios Enfrentados

Regulação e Tributação:

Regulações Complexas: Enfrentou desafios relacionados à complexidade das regulamentações e à carga tributária sobre produtos e bebidas.

Concorrência e Mudanças no Mercado:

Concorrência Intensa: Enfrentou uma competição acirrada no setor de bebidas, exigindo inovação contínua e estratégias eficazes de marketing.

Mudanças nas Preferências do Consumidor: Adaptou-se às mudanças nas preferências dos consumidores e às tendências de mercado, como o aumento da demanda por bebidas saudáveis.

5.4.4 Lições Aprendidas

Estratégia de Expansão e Aquisição:

Aquisição de Concorrentes: A estratégia de aquisição pode ser eficaz para ganhar participação de mercado e consolidar a posição de liderança.

Foco em Sustentabilidade e Responsabilidade Social:

Responsabilidade Corporativa: Investir em programas de sustentabilidade e responsabilidade social pode melhorar a imagem da empresa e engajar a comunidade local.

Conclusão

Os casos de estudo apresentados revelam a complexidade e diversidade das estratégias adotadas por empresas estrangeiras ao investir no Brasil.

Cada empresa enfrentou desafios únicos e adotou abordagens distintas para superar barreiras e aproveitar oportunidades. As lições aprendidas destacam a importância da adaptação ao mercado local, a gestão eficaz da burocracia e regulamentações, e a relevância de estratégias de responsabilidade social e sustentabilidade.

Estes insights são valiosos para futuros investidores e oferecem um guia prático para navegar no ambiente de negócios brasileiro, ajudando a maximizar as chances de sucesso em um mercado dinâmico e desafiador.

6. Casos de Estudo: Análise de Empresas Estrangeiras que investiram no Brasil

Este capítulo oferece uma análise detalhada de empresas estrangeiras que investiram no Brasil, enfocando suas estratégias de entrada, desafios enfrentados e as lições aprendidas.

O objetivo é proporcionar uma visão abrangente e profunda sobre como essas empresas navegaram no complexo ambiente de negócios brasileiro e quais práticas se mostraram eficazes.

6.1 Caso 1: Amazon

6.1.1 Contexto do Investimento

A Amazon, gigante americana de e-commerce e tecnologia, iniciou suas operações no Brasil em 2012. Este movimento foi impulsionado pelo potencial de crescimento do mercado de e-commerce no Brasil e pela crescente penetração da internet no país.

Dados Econômicos e Mercadológicos:

Economia Brasileira (2012): O Brasil estava em um período de crescimento econômico moderado, com um PIB de aproximadamente USD 2,4 trilhões. O crescimento econômico estava em torno de 1,9% naquele ano, após uma fase de expansão rápida durante o período anterior.

Mercado de E-commerce: O mercado de e-commerce brasileiro estava crescendo rapidamente, com uma taxa de crescimento anual projetada de 15% a 20% até 2015, segundo dados da eBit.

6.1.2 Estratégias Adotadas

Expansão e Diversificação de Produtos:

Lançamento do Marketplace: A Amazon lançou seu marketplace no Brasil, permitindo que vendedores locais e internacionais listassem produtos na plataforma. Essa estratégia ajudou a expandir rapidamente a oferta de produtos e a atrair uma base de clientes diversificada.

Diversificação de Categorias: Inicialmente focada em livros e eletrônicos, a Amazon diversificou rapidamente seu portfólio para incluir categorias populares no Brasil, como roupas, alimentos e cosméticos.

Investimento em Logística e Infraestrutura:

Centros de Distribuição: A empresa investiu pesadamente na construção de centros de distribuição em locais estratégicos, como São Paulo e Belo Horizonte, para melhorar a eficiência da logística e reduzir os tempos de entrega.

Parcerias Logísticas: Firmou parcerias com empresas locais de transporte e logística para melhorar a cobertura e a rapidez das entregas, essenciais para competir no mercado de e-commerce.

Adaptação ao Mercado Local:

Promoções Locais: Adaptou suas campanhas de marketing para refletir as datas comemorativas brasileiras, como o Carnaval e o Dia das Mães, além de oferecer promoções específicas para esses eventos.

Serviços de Atendimento ao Cliente: Implementou serviços de atendimento ao cliente em português e adaptou sua plataforma para incluir opções de pagamento locais, como boleto bancário.

6.1.3 Desafios Enfrentados

Regulação e Burocracia:

Regulamentações Fiscais e Comerciais: A Amazon enfrentou desafios relacionados à complexidade das regulamentações fiscais e comerciais no Brasil, que impactaram suas operações e estratégias de precificação. A alta carga tributária sobre produtos importados e o sistema de impostos estadual (ICMS) apresentaram desafios adicionais.

Burocracia na Importação: As barreiras burocráticas para a importação de produtos, incluindo procedimentos aduaneiros e requisitos de certificação, impactaram a eficiência operacional e a estratégia de preços.

Concorrência e Adaptação ao Mercado:

Concorrência Local: Competiu com grandes varejistas locais, como Magazine Luiza e Americanas, e marketplaces já estabelecidos, como Mercado Livre. Isso exigiu uma adaptação contínua para manter a competitividade e atrair consumidores.

Preferências dos Consumidores: Adaptou-se às mudanças nas preferências dos consumidores brasileiros, incluindo a demanda por produtos locais e a crescente preocupação com questões de sustentabilidade.

6.1.4 Lições Aprendidas

Importância da Logística Local:

Investimento em Infraestrutura: Investir em infraestrutura logística, como centros de distribuição e parcerias locais, é crucial para atender às demandas de um mercado grande e diversificado como o brasileiro.

Adaptação às Preferências Locais:

Customização de Produtos e Serviços: Adaptar produtos, serviços e estratégias de marketing às preferências locais é essencial para competir efetivamente e construir uma base de clientes fiel.

6.2 Caso 2: Nestlé

6.2.1 Contexto do Investimento

A Nestlé, multinacional suíça de alimentos e bebidas, iniciou suas operações no Brasil em 1921. Desde então, a empresa expandiu significativamente suas operações, tornando-se uma das líderes no mercado de alimentos e bebidas.

Dados Econômicos e Mercadológicos:

Economia Brasileira (1920s): O Brasil estava em um estágio inicial de industrialização, com um PIB de cerca de USD 33 bilhões e uma população de aproximadamente 30 milhões de pessoas.

Mercado de Alimentos: O mercado de alimentos no Brasil estava crescendo com a urbanização e o aumento da demanda por produtos industrializados.

6.2.2 Estratégias Adotadas

Expansão e Diversificação de Produtos:

Aquisição de Marcas Locais: A Nestlé adquiriu marcas locais para ampliar sua presença e diversificar seu portfólio. A aquisição da Garoto em 2002 foi um marco significativo, ampliando sua presença no segmento de chocolates.

Inovação e Pesquisa: Investiu em pesquisa e desenvolvimento para criar produtos adaptados às preferências brasileiras, como produtos voltados para a cultura local e inovações no setor de nutrição.

Investimento em Produção Local:

Fábricas e Centros de Distribuição: Construção de fábricas e centros de distribuição em diferentes regiões do Brasil para melhorar a eficiência operacional e garantir a disponibilidade de produtos.

Parcerias Locais: Colaboração com fornecedores locais para garantir a qualidade dos insumos e reduzir custos de transporte.

Responsabilidade Social e Sustentabilidade:

Programas de Sustentabilidade: Implementou programas de sustentabilidade focados na redução do impacto ambiental, como a gestão de resíduos e a eficiência no uso de recursos.

Projetos Comunitários: Desenvolveu projetos comunitários, como programas de nutrição e educação, para fortalecer a relação com as comunidades locais e promover a imagem corporativa.

6.2.3 Desafios Enfrentados

Complexidade Regulamentar:

Regulamentações de Saúde e Segurança: Enfrentou desafios relacionados à conformidade com regulamentações de saúde e segurança alimentar no Brasil, exigindo adaptações contínuas em seus processos e produtos.

Tributação e Burocracia: A complexidade das regulamentações fiscais e a burocracia impactaram as operações da empresa, exigindo uma gestão eficiente para lidar com esses desafios.

Concorrência e Mudanças no Mercado:

Concorrência Local: Enfrentou forte concorrência de marcas locais e multinacionais, exigindo inovação constante e estratégias eficazes de marketing.

Mudanças nos Hábitos Alimentares: Adaptou-se às mudanças nos hábitos alimentares dos consumidores e às novas tendências, como a demanda crescente por produtos saudáveis e sustentáveis.

6.2.4 Lições Aprendidas

Integração com o Mercado Local:

Adaptação de Produtos: A capacidade de adaptar produtos e estratégias às preferências locais é fundamental para a aceitação no mercado e o sucesso a longo prazo.

Gestão de Responsabilidade Social:

Investimento em Sustentabilidade: Implementar práticas sustentáveis e participar de projetos comunitários pode melhorar a reputação da empresa e fortalecer a relação com o mercado local.

6.3 Caso 3: Samsung

6.3.1 Contexto do Investimento

A Samsung, conglomerado sul-coreano especializado em eletrônicos e tecnologia, iniciou seus investimentos no Brasil em 1995 com a construção de uma fábrica em Campinas.

A decisão de investir no Brasil foi impulsionada pelo crescimento do mercado de tecnologia e pela crescente demanda por produtos eletrônicos.

Dados Econômicos e Mercadológicos:

Economia Brasileira (1995): O Brasil estava em um período de estabilização econômica após o Plano Real, com um PIB de aproximadamente USD 838 bilhões e uma inflação controlada.

Mercado de Tecnologia: O mercado de eletrônicos estava em crescimento, impulsionado pela urbanização e pelo aumento da penetração de tecnologia entre os consumidores.

6.3.2 Estratégias Adotadas

Produção Local e Inovação:

Fábrica em Campinas: Investiu na construção de uma fábrica para produzir eletrônicos no Brasil, aproveitando incentivos fiscais e reduzindo custos de importação.

Inovação e Tecnologia: Focou em inovação para oferecer produtos tecnologicamente avançados e competitivos, como smartphones e televisores de última geração.

Marketing e Distribuição:

Campanhas Publicitárias: Desenvolveu campanhas publicitárias de grande impacto para destacar a inovação e a qualidade de seus produtos, utilizando influenciadores locais e eventos regionais.

Redes de Distribuição: Expandiu suas redes de distribuição para alcançar um maior número de pontos de venda e consumidores em todo o Brasil, aumentando a penetração de mercado.

Responsabilidade Social e Sustentabilidade:

Programas de Educação: Investiu em programas de educação e capacitação tecnológica, promovendo o uso responsável da tecnologia e contribuindo para o desenvolvimento local.

Sustentabilidade Ambiental: Implementou práticas sustentáveis em suas operações e produtos, como redução do impacto ambiental e aumento da eficiência energética.

6.3.3 Desafios Enfrentados

Regulação e Burocracia:

Regulamentações Técnicas: Enfrentou desafios relacionados à conformidade com regulamentações técnicas e normas de segurança, exigindo adaptações em seus produtos e processos.

Burocracia: A complexidade dos processos burocráticos e fiscais impactou a eficiência das operações e a estratégia de preços da empresa.

Concorrência e Preferências do Consumidor:

Concorrência Intensa: Competiu com outras marcas de eletrônicos e tecnologia, exigindo uma inovação constante e uma estratégia de preços competitiva.

Mudanças nas Preferências: Adaptou-se às mudanças nas preferências dos consumidores por novos produtos e tecnologias emergentes.

6.3.4 Lições Aprendidas

Importância da Produção Local:

Investimento em Infraestrutura Local: Investir na produção local pode reduzir custos e aumentar a competitividade, aproveitando incentivos fiscais e melhorando a eficiência logística.

Adaptabilidade e Inovação:

Inovação Contínua: Manter uma estratégia de inovação e adaptação às mudanças no mercado e nas preferências dos consumidores é crucial para o sucesso a longo prazo.

6.4 Caso 4: BASF

6.4.1 Contexto do Investimento

A BASF, multinacional alemã de química e ciência dos materiais, começou a operar no Brasil em 1963. A empresa investiu no Brasil devido ao potencial de crescimento no setor químico e à disponibilidade de matérias-primas.

Dados Econômicos e Mercadológicos:

Economia Brasileira (1963): O Brasil estava em uma fase inicial de industrialização, com um PIB de aproximadamente USD 33 bilhões e uma população crescente.

Mercado Químico: O setor químico estava em expansão, impulsionado pela industrialização e pela demanda por produtos químicos em diversas indústrias, como agricultura e construção.

6.4.2 Estratégias Adotadas

Investimento em Produção e Pesquisa:

Fábricas e Centros de Pesquisa: Investiu na construção de fábricas e centros de pesquisa para desenvolver e fabricar produtos químicos no Brasil. A BASF estabeleceu centros de pesquisa em São Paulo e outros estados para promover a inovação.

Parcerias Locais: Estabeleceu parcerias com empresas locais e institutos de pesquisa para colaborar em projetos de desenvolvimento e inovação.

Adaptação e Customização:

Produtos Customizados: Desenvolveu produtos químicos específicos para atender às necessidades do mercado brasileiro, como soluções para a agricultura e a indústria de construção.

Soluções Locais: Adaptou suas soluções e produtos para atender às condições locais e às exigências regulamentares, como padrões de qualidade e regulamentações ambientais.

Responsabilidade Social e Sustentabilidade:

Programas Ambientais: Implementou programas ambientais para reduzir o impacto de suas operações, promovendo práticas sustentáveis e a gestão responsável de recursos.

Responsabilidade Social: Participou de iniciativas comunitárias e programas de educação, contribuindo para o desenvolvimento local e fortalecendo a relação com as comunidades.

6.4.3 Desafios Enfrentados

Regulação e Burocracia:

Regulamentações Ambientais: Enfrentou desafios relacionados às regulamentações ambientais e à necessidade de conformidade com normas locais. A adaptação às normas ambientais exigiu investimentos adicionais e mudanças operacionais.

Burocracia: A burocracia e a complexidade dos processos regulatórios impactaram a eficiência das operações e a tomada de decisões.

Concorrência e Mudanças no Mercado:

Concorrência Local: Competiu com outras empresas químicas locais e internacionais, exigindo inovação e adaptação contínua para manter a competitividade.

Mudanças no Mercado: Adaptou-se às mudanças nas necessidades do mercado e às novas tendências da indústria química, como a demanda por produtos mais sustentáveis.

6.4.4 Lições Aprendidas

Investimento em Pesquisa e Desenvolvimento:

Desenvolvimento Local: Investir em pesquisa e desenvolvimento local é essencial para adaptar produtos às necessidades do mercado e promover a inovação contínua.

Responsabilidade e Sustentabilidade:

Práticas Sustentáveis: Implementar práticas sustentáveis e participar de programas comunitários pode melhorar a imagem corporativa e fortalecer a relação com o mercado local.

Conclusão

Os casos estudados revelam um panorama diversificado das experiências de empresas estrangeiras no Brasil. Cada uma dessas empresas enfrentou desafios únicos e adotou estratégias específicas para superar obstáculos e aproveitar oportunidades.

As lições aprendidas destacam a importância da adaptação às condições locais, do investimento em infraestrutura e inovação, e da gestão eficaz de questões regulatórias e burocráticas.

Esses insights são valiosos para investidores estrangeiros que consideram o Brasil como um destino estratégico para seus investimentos.

7. Perspectivas Futuras: Tendências e Previsões para o Mercado Brasileiro

Este capítulo explora as perspectivas futuras para o mercado brasileiro, analisando as tendências emergentes, previsões econômicas e o impacto de eventos globais e locais sobre os investimentos estrangeiros.

A discussão abrange os principais setores da economia, mudanças regulatórias, inovações tecnológicas e fatores externos que moldam o ambiente de negócios no Brasil.

7.1 Tendências Emergentes no Mercado Brasileiro

7.1.1 Transformação Digital e Inovação Tecnológica

Digitalização de Setores Tradicionais:

Setor Financeiro: O Brasil tem se destacado pela rápida digitalização do setor financeiro, impulsionada pelo crescimento das fintechs e pela adoção do sistema de pagamentos Pix, que promove transferências instantâneas e gratuitas. Em 2023, o Pix processou cerca de 2 bilhões de transações, totalizando R$ 6 trilhões. A digitalização está facilitando o acesso a serviços financeiros, impulsionando a inclusão financeira e reduzindo custos para consumidores e empresas.

Dados Complementares: O volume de transações realizadas pelo Pix representa 40% do total dos pagamentos no Brasil, evidenciando sua crescente importância no sistema financeiro nacional.

Saúde: A pandemia acelerou a adoção de tecnologias de saúde digital, como telemedicina e plataformas de monitoramento remoto. O mercado de saúde digital no Brasil está projetado para crescer a uma taxa composta anual de 19% até 2026, com investimentos estimados em USD 1,5 bilhões. Em 2023, a telemedicina representava 10% das consultas médicas no país, uma expansão significativa em relação aos 3% registrados em 2019.

Startups e Inovação:

Ecosistema de Startups: O Brasil está emergindo como um hub para startups tecnológicas, com destaque para setores como inteligência artificial, blockchain e fintech. Cidades como São Paulo e Florianópolis têm atraído atenção global devido ao seu ambiente empreendedor dinâmico. Em 2023, o número de startups no Brasil ultrapassou 13 mil, e o setor recebeu investimentos de USD 7 bilhões, refletindo um crescimento de 25% em relação ao ano anterior.

Investimentos em Inovação: Empresas brasileiras estão investindo em tecnologias emergentes, como segurança cibernética e big data. O mercado de big data está projetado para crescer a uma taxa anual de 21% até 2025, com um aumento significativo na adoção de soluções para análise de dados e gestão de informações.

Indústria 4.0:

Automação e Internet das Coisas (IoT): A implementação de tecnologias de automação e IoT está transformando a manufatura e outros setores. A adoção de soluções de automação cresceu 18% em 2023, com investimentos estimados em R$ 5 bilhões em tecnologias de IoT. Empresas estão utilizando robótica e análise de dados em tempo real para melhorar a eficiência operacional e reduzir custos.

7.1.2 Sustentabilidade e Economia Verde

Energia Renovável:

Investimentos em Energias Limpas: O Brasil está ampliando sua capacidade de geração de energia renovável, com foco em energia solar e eólica. A capacidade instalada de energia solar atingiu 22 GW em 2023, e a capacidade eólica chegou a 25 GW. O país está investindo USD 10 bilhões no setor de energias renováveis, o que reforça seu papel como líder global em energia verde.

Iniciativas Governamentais: Políticas públicas estão incentivando investimentos em energias renováveis através de subsídios e incentivos fiscais. O governo está promovendo a expansão de projetos sustentáveis e a modernização da infraestrutura energética.

Economia Circular:

Gestão de Resíduos: A economia circular está ganhando terreno no Brasil, com iniciativas para reduzir, reutilizar e reciclar materiais. Em 2023, o país reciclou aproximadamente 60% dos resíduos sólidos urbanos, um aumento de 10% em relação ao ano anterior. O mercado de produtos reciclados está projetado para crescer 15% até 2025, refletindo o aumento na adoção de práticas sustentáveis.

Programas de Reciclagem: Empresas e governos estão implementando programas de gestão de resíduos para minimizar o impacto ambiental, promovendo a reciclagem e a reutilização de materiais.

Agronegócio Sustentável:

Tecnologias e Práticas Sustentáveis: O setor agropecuário está adotando tecnologias para melhorar a eficiência e reduzir o impacto ambiental. Em 2023, cerca de 25% das áreas cultivadas no Brasil utilizaram práticas sustentáveis, um aumento de 5% em relação ao ano anterior. O setor está investindo em tecnologias como sensores de solo e drones para monitoramento de culturas.

Iniciativas de Sustentabilidade: A integração de tecnologias digitais e práticas de cultivo sustentável está promovendo a eficiência e a redução de emissões no setor agropecuário.

7.1.3 Regulação e Ambiente de Negócios

Reformas Regulamentares:

Simplificação Burocrática: O Brasil está trabalhando na simplificação do ambiente regulatório para facilitar a abertura e operação de empresas. As reformas visam reduzir a burocracia e melhorar a transparência, com o objetivo de melhorar o Índice de Facilidade de Fazer Negócios, no qual o Brasil ocupa a 124ª posição global.

Mudanças Legais: Novas regulamentações estão sendo implementadas para melhorar o ambiente de negócios e reduzir os obstáculos para investidores estrangeiros.

Política Fiscal e Tributária:

Reformas Tributárias: O país está considerando reformas fiscais para simplificar o sistema tributário e reduzir a carga tributária sobre as empresas. A carga tributária no Brasil é de aproximadamente 33% do PIB, uma das mais altas entre os países da OCDE. As reformas propostas buscam reduzir essa carga e simplificar o sistema para melhorar a competitividade.

Impacto das Reformas: A implementação dessas reformas pode estimular investimentos e melhorar o ambiente de negócios.

Desenvolvimento de Infraestrutura:

Investimentos em Infraestrutura: O Brasil está investindo em projetos de infraestrutura para melhorar a conectividade e a eficiência logística. Em 2023, o governo anunciou investimentos de USD 35 bilhões em infraestrutura até 2025, com foco em modernização de transportes e ampliação da capacidade portuária.

Projetos de Infraestrutura: Os investimentos incluem rodovias, ferrovias e portos, visando melhorar a logística e a competitividade do país.

7.2 Impacto de Eventos Globais e Locais

7.2.1 Impacto da Pandemia de COVID-19

Transformações no Comportamento do Consumidor:

E-commerce e Teletrabalho: A pandemia acelerou a adoção do e-commerce e do teletrabalho no Brasil. Em 2023, o e-commerce representou 12% das vendas varejistas, um aumento de 35% em relação a 2020. O teletrabalho é agora uma prática comum, com cerca de 25% da força de trabalho brasileira trabalhando remotamente.

Mudanças no Mercado: As empresas adaptaram suas operações para atender à demanda por serviços online e soluções de trabalho remoto, impulsionando a inovação e a digitalização em vários setores.

Desafios Econômicos e Sociais:

Impacto Econômico: A pandemia causou uma contração econômica significativa, com o PIB do Brasil caindo 3,6% em 2020. A recuperação econômica está em andamento, mas o país enfrenta desafios contínuos, como altas taxas de desemprego e desigualdade social.

Dados Recentes: Em 2023, a taxa de desemprego no Brasil era de 10,5%, uma melhoria em relação aos 14% registrados durante a pandemia. A recuperação econômica continua, mas a plena recuperação pode levar mais tempo.

7.2.2 Tensões Geopolíticas e Econômicas

Conflitos Internacionais:

Guerra Comercial e Tarifas: As tensões comerciais globais, como a guerra comercial entre os EUA e a China, têm implicações para o Brasil, especialmente em termos de comércio e cadeias de suprimentos. As tarifas e sanções impactaram as exportações brasileiras de commodities, com uma redução de 6% nas exportações para a China em 2019.

Diversificação de Mercados: Em resposta, o Brasil está diversificando seus mercados de exportação e buscando novos parceiros comerciais para reduzir a dependência de mercados específicos.

Mudanças Climáticas e Sustentabilidade:

Acordos Climáticos e Políticas Ambientais: O Brasil está alinhando suas políticas com acordos internacionais sobre mudanças climáticas. O país comprometeu-se a reduzir suas emissões de carbono em 37% até 2025, em comparação com os níveis de 2005.

Impacto das Políticas: A implementação de políticas ambientais mais rigorosas está promovendo investimentos em setores verdes e sustentáveis, incentivando a inovação e a adoção de tecnologias limpas.

7.2.3 Políticas Internas e Mudanças Econômicas

Eleições e Estabilidade Política:

Impacto Político nas Políticas Econômicas: As eleições e mudanças políticas podem impactar o ambiente de negócios no Brasil. A estabilidade política é crucial para a confiança dos investidores e a continuidade das reformas econômicas. As eleições de 2022 resultaram em um novo governo com planos de implementar reformas econômicas e sociais.

Dados Adicionais: A estabilidade política futura será um fator determinante para a atração de investimentos estrangeiros e o crescimento econômico sustentável.

Política Monetária e Taxa de Juros:

Política de Juros e Inflação: O Banco Central do Brasil ajusta as taxas de juros para controlar a inflação e estimular o crescimento econômico. Em 2023, a taxa Selic foi ajustada para 13,25%, após uma série de aumentos para conter a inflação. As projeções indicam que a taxa Selic pode ser reduzida gradualmente nos próximos anos, dependendo da evolução da inflação e das condições econômicas.

Impacto da Política Monetária: As mudanças na política monetária afetam o custo do crédito e a atividade econômica, influenciando diretamente os investimentos e o ambiente de negócios.

Considerações Finais

O investimento estrangeiro no Brasil representa uma oportunidade significativa e complexa, moldada por uma combinação de fatores econômicos, políticos, tecnológicos e ambientais.

Ao longo deste estudo, exploramos diversos aspectos fundamentais para entender o potencial de investimento e os desafios que os investidores estrangeiros enfrentam ao considerar o Brasil como um destino para seus capitais.

1. Contexto Econômico e Histórico de Investimentos Estrangeiros

O Brasil, como uma das maiores economias da América Latina e um dos principais mercados emergentes, tem atraído investimentos estrangeiros ao longo das últimas décadas.

No entanto, a trajetória dos investimentos estrangeiros no país tem sido influenciada por uma série de fatores, incluindo instabilidade política, reformas econômicas e mudanças nas políticas de comércio internacional. A recuperação econômica do Brasil após crises anteriores, incluindo a crise financeira global de 2008 e a crise econômica interna, demonstrou a resiliência do país, mas também destacou a necessidade de reformas contínuas para melhorar o ambiente de negócios e atrair investimentos sustentáveis.

2. Oportunidades de Investimento

As oportunidades de investimento no Brasil são amplas e diversificadas, abrangendo setores estratégicos como energia, agronegócio, infraestrutura logística, setor financeiro e turismo.

Cada um desses setores oferece potencial significativo para investidores estrangeiros, mas também apresenta desafios específicos que devem ser cuidadosamente avaliados.

- **Setor de Energia:** O Brasil se destaca pela sua matriz energética diversificada e sustentável, com grandes investimentos em energia renovável, especialmente solar e eólica. O país está comprometido com a redução das emissões de carbono e a promoção de tecnologias verdes, o que oferece oportunidades atraentes para investimentos em projetos de energia limpa e inovação tecnológica.
- **Agronegócio:** O agronegócio brasileiro, com sua vasta extensão de terras cultiváveis e práticas avançadas de produção, continua sendo uma área promissora para investimentos. A crescente demanda global por alimentos e a adoção de tecnologias sustentáveis estão impulsionando o setor, oferecendo oportunidades para empresas que buscam explorar o potencial agrícola do país.
- **Infraestrutura Logística:** O Brasil está investindo significativamente em sua infraestrutura logística para melhorar a eficiência e a competitividade. Projetos de modernização de rodovias, ferrovias e portos estão em andamento, criando oportunidades para investidores interessados em participar do desenvolvimento de infraestrutura crítica.
- **Setor Financeiro e Mercado de Capitais:** O setor financeiro brasileiro tem experimentado uma digitalização rápida, com o crescimento de fintechs e a adoção de novas tecnologias. A evolução do mercado de capitais e a inovação no setor financeiro oferecem oportunidades para investimentos em startups, soluções de pagamento e serviços financeiros digitais.
- **Turismo e Hospitalidade:** Com sua rica diversidade cultural e natural, o Brasil tem potencial para se tornar um destino turístico global de destaque. Embora o setor tenha sido impactado pela pandemia, a recuperação está em curso, e há oportunidades significativas para investimentos em infraestrutura turística e serviços de hospitalidade.
-

3. Desafios e Considerações

Investidores estrangeiros devem estar cientes de uma série de desafios ao considerar o Brasil como destino para investimentos. A instabilidade política, a complexidade do ambiente regulatório e as questões relacionadas à corrupção e à burocracia são fatores que podem impactar o ambiente de negócios. Além disso, o Brasil enfrenta desafios econômicos, como a inflação e as desigualdades regionais, que podem afetar o desempenho dos investimentos.

- **Ambiente Regulatório:** A burocracia e a complexidade do sistema regulatório são desafios persistentes para investidores no Brasil. A simplificação de processos e a melhoria da transparência são áreas prioritárias para garantir um ambiente de negócios mais favorável.
- **Instabilidade Política:** A estabilidade política é crucial para a confiança dos investidores. As mudanças políticas e as eleições podem influenciar as políticas econômicas e afetar a previsibilidade do ambiente de negócios.
- **Desafios Econômicos e Sociais:** A inflação, o desemprego e as desigualdades sociais são desafios que podem impactar a economia e o ambiente de negócios. A implementação de políticas econômicas eficazes e a promoção de reformas sociais são necessárias para enfrentar esses desafios e promover um crescimento sustentável.

4. Perspectivas Futuras

As perspectivas futuras para o mercado brasileiro são promissoras, com tendências emergentes que indicam um ambiente de negócios dinâmico e em evolução. A transformação digital, a sustentabilidade e as reformas regulatórias estão moldando o cenário econômico, criando novas oportunidades e desafios para investidores estrangeiros.

- **Transformação Digital:** A digitalização e a inovação tecnológica estão redefinindo setores inteiros e criando novas oportunidades para investimentos. A adoção de tecnologias digitais, como inteligência artificial e big data, está impulsionando a eficiência e a competitividade.
- **Sustentabilidade:** O Brasil está cada vez mais focado em práticas sustentáveis e em investimentos verdes. O compromisso com a redução das emissões de carbono e a promoção de tecnologias limpas oferece

oportunidades para investimentos em energia renovável e economia circular.
- **Reformas e Políticas:** As reformas regulatórias e fiscais em andamento visam melhorar o ambiente de negócios e facilitar a entrada de investidores estrangeiros. A simplificação burocrática e a transparência são áreas críticas para garantir um ambiente de negócios mais favorável.

O Brasil continua a ser um destino atraente para investimentos estrangeiros, oferecendo oportunidades significativas em diversos setores. No entanto, os investidores devem estar preparados para enfrentar desafios e adaptar suas estratégias de acordo com o ambiente de negócios em constante mudança. Com um compromisso contínuo com reformas econômicas, inovação tecnológica e sustentabilidade, o Brasil pode fortalecer sua posição como um destino de investimento global e aproveitar seu potencial para crescimento econômico sustentável.

Ao considerar o Brasil como um destino para investimentos, os investidores estrangeiros devem avaliar cuidadosamente as oportunidades e desafios, buscar informações atualizadas e consultar especialistas locais para tomar decisões informadas. Com uma abordagem estratégica e adaptativa, é possível explorar o potencial do mercado brasileiro e contribuir para o desenvolvimento econômico e social do país.

Conclusão

O Brasil apresenta um panorama complexo e dinâmico para investidores estrangeiros, moldado por uma série de tendências emergentes, reformas regulatórias e impactos globais e locais.

As principais tendências incluem a transformação digital, a sustentabilidade e a economia verde, e a adoção de tecnologias emergentes.

O país está se posicionando como um líder em energias renováveis e está promovendo práticas sustentáveis em diversos setores, o que pode atrair investimentos voltados para a economia verde e inovação tecnológica.

A adaptação às mudanças regulatórias e à simplificação burocrática são fundamentais para melhorar o ambiente de negócios e atrair investimentos. As reformas fiscais e tributárias, juntamente com os investimentos em infraestrutura, são passos importantes para estimular o crescimento econômico e melhorar a competitividade do país.

Eventos globais, como a pandemia de COVID-19 e tensões geopolíticas, têm impactado a economia brasileira e o comportamento dos investidores.

A pandemia acelerou a digitalização e transformou o comportamento do consumidor, enquanto tensões comerciais e mudanças climáticas estão moldando as políticas econômicas e ambientais.

O futuro do mercado brasileiro depende de sua capacidade de enfrentar desafios econômicos e sociais, manter a estabilidade política e adaptar-se às mudanças globais. Investidores estrangeiros devem estar atentos a essas tendências e adaptar suas estratégias de acordo com o cenário em evolução.

O Brasil oferece oportunidades significativas em diversos setores, mas o sucesso no mercado brasileiro exigirá uma compreensão aprofundada das tendências e uma abordagem adaptativa para navegar pelos desafios e aproveitar as oportunidades emergentes.

O Brasil, com sua economia diversificada e potencial de crescimento, continua a ser um destino atraente para investimentos estrangeiros. A combinação de tendências emergentes, como a transformação digital e a sustentabilidade, e os esforços contínuos para melhorar o ambiente de negócios criam um cenário promissor para investidores.

O país enfrenta desafios significativos, incluindo instabilidade política, complexidade regulatória e questões econômicas persistentes. No entanto, as reformas em andamento e os investimentos em inovação e infraestrutura são passos importantes para superar esses desafios e promover um ambiente de negócios mais favorável.

Investidores estrangeiros devem considerar o Brasil como um mercado com oportunidades valiosas, mas também estar preparados para adaptar suas estratégias e gerenciar riscos. A compreensão profunda das tendências emergentes, das reformas regulatórias e dos impactos de eventos globais e locais é essencial para tomar decisões informadas e bem-sucedidas.

A visão futura para o Brasil é de um mercado em transformação, com um potencial crescente para investimentos sustentáveis e inovadores. A adaptação às mudanças e a capitalização sobre as oportunidades emergentes serão fundamentais para o sucesso dos investimentos no Brasil. Com um ambiente de negócios em evolução e um compromisso com o crescimento sustentável, o Brasil está bem posicionado para continuar atraindo investimentos e impulsionando seu desenvolvimento econômico e social.

Em resumo, o Brasil oferece um horizonte de oportunidades para investidores estrangeiros dispostos a explorar seu potencial. A chave para o sucesso reside na capacidade de entender o cenário dinâmico do país, antecipar tendências e adaptar-se às mudanças, aproveitando as oportunidades que surgem em um mercado em constante evolução.

www.ingramcontent.com/pod-product-compliance
Lightning Source LLC
Chambersburg PA
CBHW071941210526
45479CB00002B/765